고객은 언제나
떠날 준비를 한다

고객은 언제나 떠날 준비를 한다(개정판)

ⓒ 2009, 예영숙

초판 1쇄 발행 2009년 6월 25일
개정 1판 1쇄 발행 2023년 5월 19일

지은이 예영숙
펴낸이 신경렬

상무 강용구
기획편집부 최장욱 송규인
마케팅 신동우
디자인 박현경
경영지원 김정숙 김윤하
제작 유수경

펴낸곳 (주)더난콘텐츠그룹
출판등록 2011년 6월 2일 제2011-000158호
주소 04043 서울시 마포구 양화로12길 16, 7층(서교동, 더난빌딩)
전화 (02)325-2525 | **팩스** (02)325-9007
이메일 book@thenanbiz.com | **홈페이지** www.thenanbiz.com

ISBN 979-11-982928-2-7 13320

삼성생명 그랜드챔피언 10연패의 신화, 예영숙

고객은 언제나
떠날 준비를 한다

예영숙 지음

THE NAN
더 난 콘 텐 츠

**삼성생명 회장
이수빈**

모두가 어렵다고 합니다.

어려운 시기마다 우리에게 늘 희

망을 전해주는 사람들이 있습니

다. 10년 전 IMF 시절에는 골프 선수 박세리가 국민들에게

희망과 용기를 심어주었습니다. 올해 들어서는 김연아 선

수, 야구 대표팀이 지친 국민들의 마음을 달래줬습니다.

삼성생명에서 영업왕을 10연패나 달성한 예영숙 씨는

이런 세계적인 스타는 아니지만 대한민국 영업맨의 희망입

니다. 많은 영업맨들이 그의 성공 스토리에 담겨 있는 노하

우를 찾기 위해 그를 연구하고 있습니다.

영업맨뿐 아닙니다. 전국의 관공서, 기업체에서 성공

DNA를 혁신의 툴로 활용하기 위해 그를 초빙하고 있습니

다. 이쯤 되면 그는 보험 영업맨이 아니라 대한민국의 혁신

전도사입니다. 예영숙 씨는 이제 삼성생명의 브랜드가 아니라 대한민국의 브랜드입니다.

예영숙 씨가 자신의 성공 노하우를 엮은 책을 낸다는 소식을 듣고 매우 기뻤습니다. 그의 성공 노하우가 사회 각계각층으로 퍼져나가면 어려운 시기에 행복의 기운을 널리 전파해줄 수 있다고 생각했기 때문입니다.

예영숙 씨로부터 추천사를 부탁 받고는 고민했습니다. 추천사에는 대개 화려한 형용사들이 많이 들어갑니다. 저의 국어 실력이 모자라서 그런지 어떤 형용사로도 예영숙 씨를 표현할 수 없기 때문입니다.

본인이 저자를 알게 된 지 벌써 10년이라는 시간이 지났지만 예영숙 씨는 좀처럼 자신을 드러내지 않았습니다. 삼성에 몸담고 있기 때문에 오늘의 자신이 있었으며 삼성이 없었다면 오늘날의 자신은 없었을 것이라는 10연패 소감은 그의 겸손함을 잘 나타내주고 있습니다.

독자 여러분들은 눈이 아닌 가슴으로 이 책을 읽고 삶의 작은 이정표로 삼기를 바랍니다.

**삼성생명 사장
이수창**

예영숙 팀장이 자서전을 출간한
다는 소식은 제게 매우 큰 기쁨이
었습니다. 추천사를 부탁 받았을
때 그의 자랑스러운 기록에 내 이름 석 자를 덧붙일 수 있
다는 게 너무나 즐거웠습니다.

예 팀장은 삼성생명, 나아가 보험업계에서 국보급 존
재입니다. 20만 보험 영업맨들이 치열하게 경쟁하는 시장
에서 10년 연속 정상에 오른 것은 실로 전인미답의 대기록
입니다. 보험업계도 그에게 표창장을 줘야 마땅하겠지요.
수많은 강의를 통해 보험에 대한 잘못된 인식을 바로잡았
기 때문입니다. 이런 그의 기록에 이름 석 자를 덧붙이는
게 어찌 기쁨이 아니겠습니까.

정상에서 자신이 걸어온 길을 되돌아보고 자랑하고 싶

은 심정은 인지상정일지도 모릅니다. 예 팀장을 잘 모르는 사람들은 그가 펴낸 책도 그런 류의 자서전이라고 생각할지 모르겠습니다.

하지만 예 팀장의 저서에는 뭔가 특별한 향기가 있습니다. 바로 사람을 향한 따스한 인간미지요. 그가 보험에 입문하게 된 것도 남편의 직장 동료가 갑자기 사망한 것이 계기가 되었다고 합니다.

그래서 이 책에는 여느 자서전이나 성공 스토리와 달리 사람 냄새가 묻어납니다. 돈을 좇는 게 아니라 고객의 애달픈 사연을 헤아리는 이타심이 곳곳에 묻어 있습니다.

이 책은 우리가 살아가면서 고민하는 성공의 방정식에 대한 해답도 들려줍니다. 바로 긍정의 힘이지요. 긍정의 힘은 제가 CEO로서 직원들에게 가장 많이 강조하는 말이기도 합니다.

예 팀장은 거절을 통해 자신을 단련시켰습니다. 영업 현장에서 다반사로 일어나는 거절을 실패나 끝으로 받아들이지 않고 새로운 출발점으로 생각했습니다.

그가 한 고객의 거절을 통해 수금 방식의 문제점을 깨닫고 자동이체 방식을 도입했던 것은 거절을 성공의 미학으로 순치시켜놓은 백미라고 할 수 있습니다.

아직까지도 경기 침체의 끝이 보이지 않습니다. 모두가 긍정과 희망의 빛을 갈구하고 있습니다. '흔들리지 않고 피는 꽃이 어디 있으랴'는 저자의 외침은 힘든 시기를 살아가는 우리들에게 주는 용기와 희망의 메시지이기도 합니다. 이 책을 읽는 독자 여러분 모두에게도 예 팀장의 성공 바이러스가 전파되기를 기원합니다.

 프롤로그

어느새 16년의 세월이 훌쩍 지나갔다. 보험을 '신이 준 선물'로 여기고 많은 사람들에게 보험 제도를 제대로 알려야겠다는 사명감으로 무엇에 홀린 듯 이 일에 뛰어든 것이 바로 어제 같은데 벌써 이만큼 세월이 흘렀다. '시간은 어쨌든 흐르는 것이구나' 싶어 혼자 웃어본다.

돌아보면 참으로 뜨겁고 치열했다. "보험이라는 제도를 아십니까?" "보험은 당신의 미래를 안전하게 책임질 것입니다"라고 이야기하기 위해 수많은 현장을 누비고 또 누볐다. 때론 힘이 들어 가쁜 숨을 몰아쉴 때도 있었고 혼자라는 느낌이 들 때도 있었다. 그러나 그때마다 사랑하는 고

고객은 언제나 떠날 준비를 한다

객들이 따뜻한 격려와 응원을 아끼지 않았다.

영업 현장은 참으로 신기한 곳이다. 그곳에 서기만 하면 내 심장은 언제나 뜨겁게 타올랐다. 내게는 봄, 여름, 가을, 겨울이 따로 있지 않았다. 이마에는 늘 땀방울이 맺히고 전화기는 잠시도 쉴 틈 없이 울렸다. 보험을 알고 나서 세 발짝 이상은 걸어본 적이 없을 정도로 뛰다시피 오로지 고객을 향해 달려갔다. 이 모든 일이 이 순간 눈물겹도록 아름답게 뇌리를 스친다.

보험왕 10연패를 달성한 후 누군가가 "처음부터 10연패를 목표로 했느냐?"고 물었다. 솔직히 처음부터 그런 목표를 잡았던 것은 아니라고 말했다. 실제로 그랬다. 나는 '지난해보다는 올해 더 잘해야지'라는 생각으로 한 해 한 해 앞만 보고 달려왔을 뿐이다. 그렇게 달려온 결과 '보험왕 10연패'라는 큰 선물을 얻은 것이다.

어쩌면 이 자리가 어떤 곳인지 몰라서 여기까지 올 수 있었는지도 모른다. 정말 바쁘게, 쉼 없이 달려온 시간이다. 누군가 다시 할 수 있겠느냐고 물으면 금방 답하지 못할 것 같다. 지금 내 심정은 두려움에 누구도 가보지 못했던 긴 터널에서 막 빠져나온 기분이다. 이 책은 그 터널 이야기가 될 것이다.

책을 출간하기는 이번이 처음이다. 그동안 주변에서 많은 사람들이 책을 내라고 권했지만 시시각각으로 변화하는 경제 상황과 경제를 보는 다양한 가치관 때문에 선뜻 용기가 나지 않았다. 그때마다 "시간이 나면 나중에 내지요" 하면서 미뤄왔다. 그러나 마음 한구석에는 늘 빚진 듯한 기분이 남아서 시간이 날 때마다 조금씩 준비를 해왔다.

시장 경쟁이 치열해지면서 고객과 직접 만나는 현장과 영업의 가치가 갈수록 높아지고 있다. 따라서 상품과 고객을 어떻게 이해할 것인가, 영업과 마케팅을 어떻게 받아들이느냐 하는 것이 이 시대 최고의 화두가 되었다. 특강할 때마다 고객 섬김과 영업, 마케팅의 중요성을 힘주어 강조하는 이유가 여기에 있다.

고객의 신뢰는 구축하기도 어렵지만 유지해가는 과정이 더 어렵다. 흔히 한번 고객은 영원한 고객이라고 하지만 나는 고객은 언제나 나를 떠날 준비를 하는 사람이라고 생각한다. 고객은 더 좋은 환경과 더 좋은 상품으로 언제라도 떠날 준비가 되어 있다. 그렇기 때문에 나는 고객들이 가장 만족할 수 있는 모든 부분에 최선을 다했다. 그것이 내가 지금까지 이 길을 걸으면서 해왔던 전부이자, 이 자리에 오르게 된 비결이라면 비결이다. 그래서 책의 제목도《고객은 언제나 떠날 준비를 한다》라고 정했다.

이 책은 고객과 상품 그리고 영업의 가치와 마케팅의 소중함을 이야기하기 위해 내놓았다. 보험과의 만남을 비롯해 날마다 살아 숨쉬는 영업 현장을 알리고 싶었다.

16년에 걸친 나의 도전과 열정을 되돌아보고 내가 질주하고 비상할 수 있게 한 크고 작은 생각들을 모아 정리했다. 또한 나를 정상에 서게 하고 성공으로 이끈 이른바 '예영숙의 고객 섬김 철학'을 살펴보고, 우리들이 함께 만들어

가야 할 소중한 꿈을 이야기했다.

　세상에 처음 선보이는 이 책이 첫 출산만큼이나 내게
는 소중하다. 몇 번이나 고치고 다듬었지만 그때마다 빠진
것이 보였고 부족한 느낌도 들었다. 그러나 한 번에 모두
채울 수 없다는 것을 위안으로 삼으며 감사하는 마음으로
세상에 내놓는다.

　21세기는 현장의 시대다. 현장의 중요성은 갈수록 높
아질 것이다. 동료 설계사뿐만 아니라 오늘을 사는, 오늘을
있게 한 영업 현장의 주인공들에게 이 책이 힘이 되고 도움
이 됐으면 하는 바람이다. 지금도 그들과 함께 숨쉬며 뜨거
운 현장의 정서를 나누고 싶다.

　지금까지 이룬 것은 내가 잘해서라기보다는 모두 주변
의 도움 덕분이었다. 고객들의 변함없는 애정과 관심 덕분
에 보험왕을 차지할 수 있었듯이, 이 책도 많은 분들의 도
움이 없었으면 나올 수 없었을 것이다.

　특히 이수창 사장님을 비롯한 삼성생명 가족들과 더난

출판사 관계자, 그리고 소중한 주변 분들의 헌신적인 도움에 진심으로 감사드린다. 그리고 언제나 든든한 언덕이 되어주는 남편과 늘 기쁨이 두 배가 되게 하는 두 아들에게도 고마움을 전한다.

신록이 찬란한 봄날 삼성 금융플라자에서

차 례

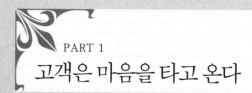

PART 1
고객은 마음을 타고 온다

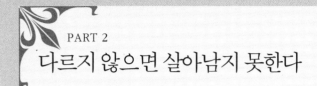

PART 2

다르지 않으면 살아남지 못한다

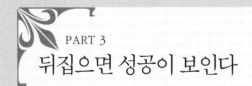

PART 3

뒤집으면 성공이 보인다

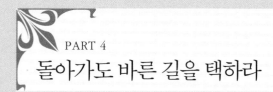

PART 4
돌아가도 바른 길을 택하라

PART 5
흔들리며 꿈꾸며

PART1_

고객은 마음을
타고 온다

감동으로 움직이게 하라...고객은 언제나 나를 떠날 준비를 하는 사람이다...자존심은 상대방이 아니라 자신에게 내세우라...서비스는 끊임없이 업그레이드 되어야 한다...판매에도 콘셉트가 있어야 한다...사랑하는 사람의 심장을 흔들라...프로는 언제나 고객을 즐겁게 한다...정체성부터 확립하라

마음이 움직여야 행동으로 연결된다. 고객은 감동 없이는 한 발짝도 움직이지 않는다. 그리고 분명한 것은 감동이란 의도적으로 연출해서는 결코 일어나지 않는다는 사실이다.

감동으로
움직이게
하라

어느 날 과일을 좋아하는 고객에게 선물할 사과를 사러 대형마트에 들렀다. 마트에 놓인 많은 사과 중에 가장 굵고 탐스럽게 생긴 것을 골라 이런 사과로 한 상자를 달라고 점원에게 말했다. 점원은 사과 한 상자를 들고 와 계산대 위에 올려놓았다. 그런데 가위를 들고 오더니 잘 묶여 있는 포장 끈을 느닷없이 마구 자르는 것이 아닌가.

"아니, 멀쩡한 포장 끈은 왜 자르세요?"

내가 당황해서 묻자 그는 씨익 웃으며 빠른 손놀림으로 알이 고르지 못한 사과 몇 개를 골라내고는 더 좋은 사과로 바꿔 넣더니 다시 깔끔하게 포장하여 상자를 내밀었다. 순식간이었다.

감동이 밀려왔다. "손님, 정말 좋은 사과입니다"라며 안에 있는 사과를 바꾸지 않고 돈을 받았어도 나는 아무 불만도 없었을 것이다. 애초에 그 이상은 기대하지 않았기 때문이다.

계산을 마치고 나올 때까지 입가에 웃음이 사라지지 않았다. 게다가 사과를 들고 고객을 만나 전달할 때에도 전에 없는 자신감으로 가득했다.

"이 사과는 상자 아래쪽까지 다 좋은 것만 담았습니다. 제가 확인했습니다."

그날 상담 분위기가 좋았던 것은 두말할 필요도 없다.

마트의 점원은 나의 기대를 넘어선 부분까지 배려했고 나를 만족시켜주었다. 그 덕분에 내가 하는 일이 더 잘 풀렸으니 그보다 멋진 일이 어디 있겠는가!

지금도 강의를 하러 가면 참석자들로부터 가장 많이 듣는 질문 중 하나가 바로 '고객 감동'에 관한 것이다. 진정한 의미의 고객 감동이란 무엇이며 어떻게 하면 고객의 감동을 이끌어낼 수 있는지 답을 달라고 한다.

그때마다 나는 사과 상자를 다시 채워준 그 점원을 떠올린다. 그리고 이렇게 대답한다.

"감동은 고객이 기대하지 못한 부분, 예상하지 않았던 부분까지 만족시켜주었을 때 생겨나는 것입니다."

고객들의 기대 수준은 갈수록 높아지고 있다. 고객을 단순히 판매의 대상으로만 여기던 시대는 지나도 한참 지났다. 이제는 고객을 섬기고 받들며 그들의 꿈을 실현시켜 주어야 한다.

내가 본 고객 감동의 사례를 한 가지 더 소개하겠다. 어느 날 아주머니 한 분이 네댓 살쯤 되어 보이는 아이와 함께 케이크를 사러 제과점에 들렀다. 시아버지 생신에 쓰기 위해서였다. 아주머니는 큼직한 케이크를 주문해서 한 손에 들고 다른 한 손으로는 아이 손을 잡고 가게 문을 어깨로 밀어 열고 나갔다. 1, 2분이 지났을까. 손님은 낭패스러운 표정을 지으며 일그러진 케이크 상자를 들고 다시 가게로 들어왔다.

케이크를 든 채로 아이를 데리고 차에 타다가 아이가 밀치는 바람에 케이크를 땅에 떨어뜨리고 말았다는 것이다. 손님은 못쓰게 된 케이크와 똑같은 것을 하나 더 주문하면서 값을 좀 깎을 수는 없을까 하는 표정이었다.

이런 마음을 훤히 알고 있다는 듯 주인은 평소보다 밝은 표정을 지으며 케이크를 다시 포장해 손님에게 건네고는 케이크 값을 받지 않았다. 당황하는 손님에게 주인은 오히려 미안하다고 말하며 케이크를 차까지 들고 가 실어주었다.

"케이크를 들고 아이 손을 잡고 가는 것을 보고 혹시 떨어뜨리면 어쩌나 걱정했거든요. 미리 도와드렸더라면 그런 일이 없었을 텐데, 도와드리지 못해 그런 일이 일어난 겁니다."

주인은 모든 것이 자신의 책임이라는 듯 말했다.

예상치 못한 주인의 태도에 손님은 얼음처럼 굳어버렸다. 감동 받은 나머지 한동안 자리를 떠나지 못하던 손님은 진심으로 감사와 기쁨을 표하며 돌아갔다. 그 후로 손님이 주인과 가게를 어떻게 생각하고 대했을까 하는 것은 물어볼 필요도 없다. 손님은 주인에게서 받은 호의의 몇 배, 몇십 배를 주인에게 되돌려주려 했을 것이고, 분명히 되돌려주었을 것이다.

'감동感動'의 사전적 의미는 '크게 느끼어 마음이 움직임'이다. 마음이 움직여야 행동으로 연결된다. 고객은 감동 받지 않으면 한 발짝도 움직이지 않는다. 그리고 분명한 것은 감동이란 의도적으로 연출해서는 결코 일어나지 않는다는 사실이다.

고객은 언제나 나를 떠날 준비를 하는 사람이다

'한번 고객은 평생 고객'

이라는 말이 통하면 얼마나 좋을까. 그러나 직장마저도 평생직장으로 삼기가 쉽지 않은 시대에 고객이라고 한곳에 평생 머물러 있어주겠는가. 고객은 언제나 떠날 준비가 되어 있는 사람이다. 내일이라도, 아니 오늘 당장이라도, 내가 조금이라도 소홀하게 대하거나 서운함을 느끼게 하면 지체 없이 떠난다.

내가 처음 보험을 시작했던 때는 '삐삐' 시절이었다.

호출기에 번호가 뜨면 가까이 있는 공중전화를 찾아 전화를 해야 했다. 전화기를 찾느라 우왕좌왕하며 땀을 흘릴 때도 많았다. 그러다 처음 핸드폰을 구입했을 때 더 이상 부러울 게 없었다. 공중전화를 찾아 헤맬 필요도 없이 바로 연락할 수 있다는 게 정말 편하고 좋았다. 덕분에 일도 잘되는 것 같아서 핸드폰을 보물단지처럼 여겼다. 그러나 그것도 잠시뿐. 날렵하고 가벼운 디자인에 통화감도 좋은 신형 핸드폰이 쏟아져나오자, 나는 묵직한 핸드폰을 미련 없이 바꿔버렸다. 누구라도 경험해본 일일 것이다.

매끈한 디자인에 최첨단 기능을 갖춘 신형 핸드폰을 새로 구입해도 만족감은 영원하지 않다. 몇 개월만 지나면 더 나은 서비스나 성능, 디자인을 갖춘 신제품이 나올 것이고, 어느새 눈길은 새로운 상품으로 향하게 마련이다. 지금 자신이 사용하고 있는 핸드폰의 한계와 문제점을 파악했기 때문에 더 나은 제품을 선택하는 일이 훨씬 빠르고 쉬워진다. 이러한 과정에서 품질이나 애프터서비스에 문제라도 생기면 고객은 바로 마음을 바꾼다. 핸드폰뿐만 아니라 모든 것이 그렇다.

이처럼 상품을 구입한 고객은 그것을 손에 쥔 순간부터 더 좋은 상품이나 서비스가 없는지 눈을 돌린다. 상품을 구입한 후에도 자의든 타의든 또 다른 상품 정보에 끊임없이 노출된다. 그래서 언제가 될지는 모르지만 경쟁력이 있는 회사나 담당자로 옮겨 갈 준비를 하며 그 기회를 기다린다. 어망 안에 든 고기는 신경을 쓰지 않아도 자신의 고기가 될지 모르지만, 고객은 결코 그렇지 않다.

더욱이 인터넷 시대의 고객은 매우 똑똑하고 정확하다. 수많은 정보를 미리 수집하고 세심하게 분석할 수 있는 능력을 갖추고 있다. 서비스에 대한 기대 수준은 하늘을 찌를 듯 높으며 목소리는 크고 생각은 이기적이기까지 하다. 시간을 두고 기다려주지도 않는다. 바라는 것이 있을 때 채워주지 못하면 야속할 만큼 쉽게 등을 돌리기도 한다.

물론 모든 고객이 그런 것은 아니다. 그러나 철저히 대비하기 위해서는 가장 까다롭고 상대하기 어려운 고객을 상정해야 한다. 그래서 나는 '한 번 고객은 영원한 고객'이 아니라 '고객은 언제나 떠날 준비를 하고 있는 사람이다'라고 강조한다. 지금 소중한 고객이 떠날 수 있다고 생각해보라. 한발 더 나아가 이미 떠날 준비를 마친 상태라고 생각해보라. 어떻게 가만히 있을 수 있겠는가?

'마케팅에서 고객은 애인과 같은 존재'라고 말하곤 한다. 애인과 함께하는 시간은 행복하지만 애인의 마음이 흔들리고 있다면 애인이 떠나지 않도록 빨리 마음을 되돌려 놓아야 한다. "어떻게 애인의 마음을 돌려놓습니까?"라고 물어온다면 나는 "답은 진심에 있다"라고 대답하겠다.

사랑하는 사람 앞에 가식 없이 진심을 보여주듯 고객을 대해야 한다. 나는 처음부터 고객이 내 마음속을 훤히 들여다보고 있다고 생각한다. 그래야만 언제나 솔직하고 투명해질 수 있으며 겸손할 수 있다. 인간관계나 고객과의 관계나 마찬가지다. 겸손함과 솔직함으로 서로 교감하고 이를 확인해야만 비로소 상호신뢰가 생겨나고 서로에 대한 필요성과 소중함도 느끼게 된다.

애인이 필요로 하는 것이 무엇인지 알아두고 그것을 채워주는 것도 중요하다. 와인을 좋아하는 애인을 위해 좋은 와인을 추천하고 와인에 대해 흥미로운 이야깃거리를 준비하는 사람이라면 그를 바라보는 애인의 눈빛이 뜨겁지 않을까?

나는 주요 고객의 경우 가족은 물론 성향, 취미, 나이, 최근의 관심사 등을 파악하면서 고객 간 인적 네트워크를 형성하도록 한다. 마음의 여유가 있는 사람은 그런 사람끼리, 품위를 중시하는 고객은 그런 고객끼리, 취미가 특별하거나 고상한 고객은 그들끼리 함께할 수 있도록 운동이나 식사에 초대하면서 네트워킹을 해준다. 다양한 고객이 그런 시간을 통해 서로 함께함으로써 무엇인가 얻어 갈 수 있게 하기 위해서다.

고객은 언제나 이익이 더 많은 쪽으로 움직인다. 그러므로 고객으로 하여금 지금의 관계를 지속하는 편이 훨씬 더 이익이 된다고 생각하도록 만들어야 한다. 그러기 위해서는 고객이 신뢰할 때까지, 고객이 느낄 수 있을 때까지 열과 성을 다하는 수밖에 없다. 떠나려는 한 사람의 고객을 계속 머물러 있게 하는 것은 열 사람의 고객을 새로 확보하는 것보다 소중하고 가치 있는 일이다.

내 침대 옆에는 항상 메모장이 있다. 원래는 습작 시절에 순간순간 떠오르는 시상을 놓치지 않으려다 든 습관인데, 보험 일을 하면서부터는 고객 관리에 대한 아이디어를 놓치지 않기 위해 준비해둔다.

혹시 소홀했던 고객이나 축하 또는 위로해야 할 고객이 생각나거나 고객을 위해 더 잘할 수 있는 일이 떠오르면 바로 메모한다. 그리고 잠자리에 들 때마다 늘 고객을 위해 무한한 감사의 기도를 한다. 소중한 고객은 어제도 그랬듯이 내일도 나의 존재 이유이므로.

사람을 사랑하되 그가 나를 사랑하지 않거든 나의 사랑에 부족함이 없는가를 살펴보라.

사람을 다스리되 그가 다스림을 받지 않거든 나의 지도에 잘못이 없는가를 살펴보라.

행하여 얻음이 없으면 모든 것에 나 자신을 반성하라. 내가 올바를진대 천하는 모두 나에게 돌아온다.

맹자의 말씀이다. 고객을 대할 때마다 되새기는 격언이기도 하다.

자존심은
상대방이 아니라
자신에게 내세우라

입사 3년차 무렵이었다. 시내에서 한참 떨어진 시 외곽의 한 공장에 근무하는 고객을 찾아갔다. 보험료 3만 원을 수금하기 위해서였다. 당시에는 직접 수금을 다니는 경우가 많았다. 그러나 약속까지 하고 찾아갔는데 두 시간이 지나도 고객은 약속한 장소에 나타나지 않았다.

포기하고 가려다가 기다린 시간이 아까워 조금 더 기다려보자며 앉아 있는데 멀리서 천천히 걸어오는 고객의 모습이 보였다. 오래 기다리게 해놓고 어슬렁어슬렁 걸어오는 모습을 보니 더 속이 상했다. 그러나 '이왕 이렇게 된 걸……' 싶어서 표정을 최대한 밝게 하고 인사를 건넸다.

"안녕하세요? 좀 늦으셨네요."

그러나 그는 호주머니에서 손도 빼지 않은 채 말했다.

"오늘은 돈을 준비하지 못했는데요."

어이가 없었다. 순간적으로 참을 수 없는 모멸감 같은 것이 느껴졌지만 자세를 가다듬고 물었다.

"그럼 다음에 언제쯤 되실지 약속해주시겠습니까?"

그는 역시 우두커니 선 채로 귀찮은 듯 대답했다.

"지금은 잘 모르겠는데요. 또 연락하지요, 뭐."

그러고는 돌아보지도 않고 걸음을 옮기는 것이었다.

터벅터벅 혼자 돌아오는데 갑자기 눈물이 왈칵 쏟아졌다. 하늘을 쳐다보며 몇 번씩 눈물을 삼켰다. 두 시간 이상 기다렸는데 조금도 미안해하지 않는 고객의 모습도 그렇고, 수금도 못하고 다음 약속조차 못 잡은 채 시간만 허비한 것, 내 행동이 혹시 회사 이미지에 나쁜 영향이라도 미칠까 봐 끝까지 표정을 관리하려고 노력했던 것이 순식간에 서러움으로 밀려왔다.

그러나 그것도 잠시, 정신을 차리고 보니 불현듯 '이

건 고객의 잘못이 아니라 일하는 시스템이 문제'라는 생각
이 들었다. 따지고 보면 고객의 잘못은 약속 시간보다 늦게
나온 것이 전부였다. 업무를 보다가 나와 했던 약속이 늦게
생각났을 수도 있다. 자리를 빠져나올 수 없는 급한 사정이
생겼을 수도 있다. '돈이 없다고 한 것'도 그렇다. 미리 돈
을 준비하지 못하면 누구나 그런 실수도 할 수 있는 것 아
닌가. '호주머니에 손을 넣고 조금도 미안해하지 않는다'
는 것은 나의 일방적인 생각일 뿐이다.

그렇게 생각하자 공장을 나서며 흘린 눈물은 그 고객
이 아니라 결국 나 때문이라는 생각이 들었다. 문제의 핵심
은 먼 길을 찾아다니며 하나하나 직접 수금하는 후진적인
수금 제도였다. 이미 자동이체 수금 방식이 엄연히 도입되
어 있지 않던가.

그 순간, 가슴의 응어리가 풀렸다. 당장 무엇을 해야
하는지 길이 보였다. 회사로 돌아와서, 나는 자동이체 수금
제도의 필요성과 이점을 설명하며 수금 방법을 대대적으로
전환하도록 했다. 결국 수금 방식은 개선되었고, 갑자기 어
깨가 날아갈 듯 가벼워졌다.

나를 두 시간 동안 기다리게 하고 눈물까지 펑펑 쏟게
만든 고객에게 오히려 고맙다는 생각이 들었다. 고객의 '태

고객은 언제나 떠날 준비를 한다

도'에만 집착하며 자존심 상해했다면 그 후로도 오랫동안 그 수준에 머물러 있었을 것이다. 나 자신이나 회사의 발전을 위해서는 단 한 발도 앞으로 나아가지 못하면서.

'영업을 하려면 자존심부터 내다 버리고 오라'는 말이 있다. 영업이나 판매는 언제나 상대방이 있고 상대방과의 관계 속에서 이루어지는 것이기 때문에 생겨난 말이다. 그만큼 자존심이 장애가 될 수 있다는 뜻이기도 하다.

자존심을 버리라는 말에는 상대방의 말이나 행동 때문에 상처를 받지 않아야 거친 영업 현장에서 버틸 수 있다는 뜻이 포함돼 있다고 본다. 그런 면도 다분히 있다. 그러나 다른 한편으로 자존심을 버린 사람이 치열한 경쟁 시장에서 어떻게 버티고 뚫고 나갈 수 있을까 하는 의문도 생겨난다. 그래서 나는 자존심을 버리라고 말하기보다는 자존심의 의미를 새롭게 정의하고 자신을 위해 효과적으로 활용해야 한다고 말하고 싶다.

나는 영업직에서 일하는 사람이 고객이 물건을 사지 않는다고 '자존심이 상했다'고 말하면 '그 사람은 처음부터 세일즈맨의 자격이 없는 사람'이라고 단정지어 말한다. 고객이 상품이나 제품을 충분히 이해하지 못해서 물건을 사지 않는 것은 당연한 일이다. 또한 거절하는 방법도 다양할 수 있다. 특히 보험의 경우에는 설계사가 고객에게 상품을 제대로 설명하지 못한 것이 원인일 수도 있다.

이런 경우 탓을 해야 할 사람은 고객이 아니라 바로 자기 자신이며, 자존심이 상해야 할 것은 고객에게 맞는 제안서를 내지 못한 자신의 부족한 실력이다. 그러므로 진정한 자존심은 상대방을 향해 내세울 것이 아니라 자신을 향해 지켜야 한다.

고객을 찾아갔다가 거절당했을 때도 마찬가지다. 고객 때문에 자존심에 상처를 받았다고 생각할 것이 아니라 고객을 설득하지 못한 자신의 준비 부족을 탓해야 한다. 자존심을 상하게 한 사람은 고객이 아니라 바로 자신이라는 말이다.

내가 판매하는 상품을 고객이 거절하는 것 역시 나를, 내 인격을 거절하는 것이 아니라 상품을 아직 이해하지 못했기 때문이다. 따라서 자존심과는 아무 관련이 없는 것이다. 진정한 자존심은 상대를 향해서가 아니라 스스로를 향해 내세울 때 가치가 있다. 자존심은 이럴 때 약이 된다.

서비스는
끊임없이 업그레이드
되어야 한다

명절이 가까운 어느 날, 지인으로부터 스카프를 선물 받았다. 생각지 못했던 선물을 받으니 그분의 마음 씀씀이가 고마웠다. 그러나 집에 와 선물을 풀어보는 순간, 감동은 사그라지고 말았다. 포장을 열어보니 누군가 그 지인에게 보낸 인사말이 적힌 카드가 들어 있지 뭔가. 그러니까 다른 사람에게서 받은 선물을 고스란히 내게 준 것이었다.

종종 벌어지는 일이다. 미처 준비할 시간이 없었다거

나 자신에게 필요한 물건이 아닐 경우, 또는 그것을 자신보다 더 좋아할 만한 사람이 떠오를 때 이렇게 선물 '돌려쓰기'가 이용되곤 한다. 그러나 이때도 중요한 것은 '마음'이다. 최소한 받은 선물의 포장은 풀어보는 게 준 사람에 대한 예의다. 그리고 줄 때도 다시 포장하는 정도의 정성을 보이는 것이 선물을 받을 사람에 대한 예의다. 최소한의 성의나 노력이 없다면 이미 선물이 아니다.

이처럼 받고도 유쾌하지 않고 주고도 좋은 소리 못 듣는 경우가 또 있다. 친구들에게 안부 문자를 보낼 때 똑같은 내용을 단체 문자로 보내는 경우가 대표적인 예다. 문자를 받아 잠시 반가워하다가, 옆에 있는 다른 친구에게도 토씨 하나 틀리지 않고 똑같은 문자가 온 것을 발견했을 때 그 실망감은 말할 수 없이 크다. 문자를 받고도 전혀 기쁘지 않다.

서비스에 있어서도 이런 일은 비일비재하다. 이른바 매너리즘에 빠진 의례적인 서비스가 제공될 때 그렇다. 그런 서비스는 안 하느니만 못하다.

'듣기 좋은 꽃노래도 한두 번'이라는 말이 있다. 아무리 좋은 노래도 한두 번 들을 때나 좋지, 계속 들으면 질리고 만다. 비즈니스를 위한 고객과의 만남은 더욱 그렇다.

고객은 언제나 떠날 준비를 한다

만남의 내용이나 형식이 항상 똑같으면 고객은 금세 권태를 느끼게 된다.

고객은 늘 새롭고 신선한 것을 바라고, 하나라도 이익이 되기를 바라는 사람들이다. 그러니 똑같이 반복되는 서비스나 배려로는 고객의 마음을 충족시킬 수 없다. 처음 먹는 빵과 열 번째 먹는 빵이 주는 만족감이 다르듯이, 고객에 대한 서비스에도 한계효용 체감의 법칙이 철저히 적용되는 셈이다.

과연 어떻게 해야 고객을 계속 만족시킬 수 있을까? 여러 가지 수단이나 방법이 있을 수 있겠지만 가장 중요한 것은 마음의 자세, 바로 고객 섬김이다. 고객을 최고로 여기는 '섬김의 마음'을 가슴속에 확고히 가지고 있어야 새로운 고객 서비스를 제공할 수 있다. 그런 자세가 되어 있지 않으면 고객을 위한 서비스는 조만간 한계를 드러내거나 매너리즘에 빠지게 된다.

매너리즘에 빠진 의례적인 서비스의 예로 가장 대표적인 것이 고객에게 일방적으로 보내는 우편물이나 문자 메시지, 이메일이다. 연말연시를 맞아 대량으로 똑같은 메시지를 보내는 것도 그렇고, 시시때때로 별 내용이나 의미 없이 보내는 우편물 등이 그것이다. 흔히 좋은 글이나 덕담을 모아 습관처럼 보내기도 하는데, 특별한 경우가 아니면 이것 역시 짜증스러운 것이 되고 만다.

편지나 이메일, 문자 등을 보낼 때도 가능하면 고객 개인을 생각해야 한다. 그 고객만을 위한 메일이나 문자를 받으면 고객은 특별한 서비스를 받았다고 느낀다. 안부를 묻는 것도 마찬가지다. 단체로 묻는 것은 이미 안부가 아니다. 그러나 애정을 가지고 고객 개인의 근황이나 관심사 등을 따로 묻는다면 누구나 고마움을 느낀다. 이렇듯 고객 섬김을 위한 서비스는 개별적이어야 하고, 똑같은 것은 가급적 반복하지 않아야 한다.

그리고 고객을 위한 서비스는 고객과 거래하는 상품이 기본이 되어야 한다. 고객과의 관계는 상품을 매개로 형성되고 유지되는 만큼, 고객이 가입했거나 구입한 상품에 대해 만족할 수 있도록 충분한 서비스가 제공되는 것이 우선이다.

그러기 위해서는 상품에 대한 다양하고도 새로운 정보를 끊임없이 공급해야 하고, 다른 유익한 정보도 지속적으로 찾아 함께 나눌 수 있어야 한다. 그래야 고객은 또 다른 만남을 기대하게 되고, 계속 만남을 유지하는 것이 유익하다고 인식하게 된다.

나는 고객의 일상생활에 크고 작은 도움을 주려 노력하면서 가능한 범위에서 고객과 함께한다. 주유소를 하려는 고객의 경우 내가 직접 시장을 파악한 뒤 만류한 적도 있고, 아파트 단지 앞에서 세탁소를 운영하고 싶어하는 고객이 개점할 수 있도록 적극적으로 주선하기도 했다. 아파트 등 부동산 구매와 이사, 자녀 교육 상담이나 결혼문제 등에 대해서도 허심탄회하게 의견을 교환한다. 그러나 이때 주의할 점은 정확하지 않은 정보를 주는 것은 정보를 주지 않은 것만 못할 수 있다는 것이다. 따라서 철저하게 분석된 정보나 수렴된 의견만을 전달한다.

이 모든 것을 위해서는 스스로를 채워야 한다. 곳간이 그득해야 나누어줄 양식도 있는 법이다. 신문이나 방송, 인터넷이나 잡지를 통해 주요 이슈나 동정에서부터 최신 유행과 트렌드에 이르기까지 다양한 정보를 수집하고 업데이트해야 한다.

예컨대 정치적 이슈나 사회문제, 교육이나 경제 정책의 시행 등에서 전시와 공연, 영화, 여행 등에 이르기까지 고객이 관심을 가질 만한 것은 모두 정리해둔다. 심지어는 개성 있고 분위기 좋은 음식점이나 휴가지 등도 고객과의 공유를 위해 챙겨두기도 한다.

서비스는 살아 있는 생물과 같아서 잘 관리하면 싱싱하게 살아 움직이지만 그렇지 않으면 금방 시든다. 똑같은 서비스도 어떤 마음가짐으로 하느냐, 어떤 분위기에서 어떤 표정을 짓느냐에 따라 파급 효과는 하늘과 땅만큼 차이가 난다. 그래서 서비스는 끊임없이 업그레이드되어야 한다. 그리고 쉼 없이 새롭게 진화해야 한다.

고객은 언제나 떠날 준비를 한다

판매에도
콘셉트가
있어야 한다

"에스키모에게 냉장고를 팔고 사막에서 난로를 파는 사람!" 세일즈의 달인을 칭할 때 흔히 이런 표현을 쓴다. 이를 역발상으로 수요를 창조하는 마케팅 정신이라고 평하기도 한다. 나는 이것을 '판매 콘셉트'의 승리라고 본다. 다른 사람들은 추운 기후에 사는 에스키모에게 난로만 팔려고 할 때, 그 세일즈맨은 음식이 얼어붙지 않도록 보관할 수 있다는 콘셉트로 냉장고를 팔았을 것이다. 모두가 사막에서 에어컨을 팔려고 경쟁할 때,

그 세일즈맨은 차가운 사막의 밤을 덮혀줄 수 있다는 콘셉트로 난로를 팔았을 것이다.

신상품은 매일 출시된다. 저마다 고유한 특성과 개성을 가지고 시장에 나오지만 생명력은 제각각이다. 수명이 몇 년씩 가는 것도 있지만 짧은 것은 채 1년을 못 버티기도 한다. 신상품이 나올 때마다 회사에서는 일제히 마케팅 전략 차원에서 홍보에 돌입하는데, 성과는 개인별로 차이가 많다.

같은 회사의 같은 상품을 가지고도 고객에 대한 접근 방식과 판매 방식은 사람마다 다르므로 차이는 금세 벌어진다. 어떤 이들은 특유의 감각으로 상품의 특성을 빠르게 파악하고 적절한 수요처나 대상이 되는 고객을 바로 찾는가 하면, 어떤 이들은 몇 달이 지나도록 적응이 안 돼 허둥대기도 한다.

나는 모든 상품에는 저마다의 가치와 본질이 있기 때문에 그에 맞는 판매 콘셉트가 있어야 한다고 본다. 그래서 새 상품이 나오면 가장 먼저 '이 상품이 어떤 부류나 계층에 잘 맞는가'를 파악하기 위해 내가 먼저 고객이 되기도 한다. 그렇게 하면 시장의 반응이 어느 정도일지 구체적으로 감을 잡을 수 있다.

그런 다음 누구를, 어떤 계층을 주요 판매 대상으로 삼아 어떤 루트를 통해 파고들 것인가 하는 방안을 마련한다. 그러면서 부수적인 문제를 자연스레 검토하게 된다. 결국 새 상품에 가장 부합하는 대상과 계층을 파악하게 되는 것이다. 그런 다음에는 상담을 준비하는데, 상담과 설득 과정에서 일어날 수 있는 의문이나 거절에 대해서도 미리 충분히 대비한다.

입사 초기부터 나는 보험을 판매할 때 막연히 미래에 대한 안전장치로만 상품을 설명하지 않았다. 오히려 누구에게나 있을 수 있고 언제나 발생할 수 있는 구체적인 위험에 대한 안전장치로서 보험을 준비하도록 안내했다.

예를 들어 한 사람이 다칠 위험, 질병에 걸릴 위험, 자녀를 교육시키지 못할 수도 있는 위험, 예비비 없이 살다가 유사시 아무 대처도 하지 못할 위험, 대책 없는 노후가 될 위험 등 수많은 위험 중에서 어떤 위험에 가장 심하게 노출되었는지를 파악하고 이를 집중적으로 분석했다. 그렇게 하면 고객에게 우선 건강보험이 필요할지 상해보험이 필요할지 연금 등 저축성 보험이 필요할지 콘셉트가 잡혀 고객도 적극적으로 공감하게 된다.

세월이 흘러 이제는 고객의 자산을 분석하는 단계에

이르렀다. 나는 고객을 상대로 부동산과 주식, 기타 금융 자산에 대한 선호도를 면밀히 파악했다. 그리고 '현재의 자산 구성'과 '바람직한 미래의 자산 구성'을 한눈에 알아볼 수 있게끔 최적의 포트폴리오를 짜서 제시했다. 동시에 고객의 실생활이나 여건에 가장 부합하면서 안정적으로 자산을 운영하는 프로그램이 어떤 것인지 함께 찾았다.

이처럼 고객이 상품 가입의 구체적인 필요성과 효과를 미리 충분히 이해할 수 있게 했다. 상품을 가입시키는 데 끝나지 않고, 개개인의 가치에 따라 목표가 설정되도록 콘셉트를 부여한 것이다. 이렇게 하자 고객들은 "처음으로 내가 필요한 보험을 들었다"며 크게 만족하고 신뢰하기 시작했다.

부동산이 많은 고객이 있었다. 50대 중반이던 그는 상속이란 말만 나오면 "상속은 70세 넘어서 생각해보겠다"며 말도 꺼내지 못하게 했다. 어느 날 고객과 편안히 이야기하면서 전체 자산이 부동산에 너무 편중되어 유동성에 다소 어려움을 겪고 있다는 사실을 알게 되었다.

나는 부동산을 처분하는 데 우선순위를 정하도록 도와주었다. 일부는 즉시 처분하여 금융 자산에 넣고 일부는 증여세를 내고 물려주게 했다. 그런 다음 남은 재산의 상속세

재원으로 종신보험을 준비하고 60대 중반부터는 연금으로 노후 생활을 할 수 있도록 종합적인 프로그램을 설계해 제시했다. 말도 꺼내지 말라던 그는 어느 순간부터 걱정이 없어졌다며 여유롭고 편안하게 생활하고 있다.

반대로 금융 자산만 선호해서 본사 사무실 이외의 장소는 모두 빌려서 사업하던 고객이 있었다. 사무실을 몇 차례 방문해보니 자재 창고와의 동선도 매우 불편해 보였고, 그로 인한 문제점들도 눈에 띄었다. 어느 날 나는 업무 비효율성을 구체적으로 지적하면서 자재 창고를 본사 옆에 있는 나대지로 옮기도록 권했다. 그리고 좋은 가격에 매입할 수 있도록 정보와 아이디어를 주고 매입 과정에도 적극적으로 참여해 도움을 주었다.

이렇게 하여 고객은 자신의 전체 자산에 대해 새로운 포트폴리오를 세우고 업무 효율성을 해결할 수 있게 되었다. 그 후로는 내가 제시하는 자산 관리 설계를 전적으로 신뢰했다. 모든 것이 그렇듯이 상품도 어떻게 이해하느냐에 따라 살아 움직이는 생물처럼 다시 태어날 수 있는 것이다.

마케팅도 마찬가지다. 마케팅을 평면적으로 이해하지 않고 입체적으로 이해할 때 비로소 콘셉트 마케팅의 개념이 동원될 수 있다. 물론 여기까지 이르려면 평소 고객과

긴밀히 소통하여 서로 신뢰하는 것이 전제되어야만 한다. 어떤 경우에도 고객에게 이익이 돌아가야 한다는 기본 원칙 또한 흔들림이 없어야 한다. 그것이 서로가 발전하는 '윈윈'의 성과로 이어지는 길이다.

사랑하는
사람의 심장을
흔들라

"예 팀장님을 만나면 새로운 기운이나 에너지를 얻게 돼요."

물론 격려의 의미에서 하는 말이겠지만 이런 말씀을 해주시는 분들이 많다. 어떤 고객은 평소 자신이 생각지도 못한 부분까지 완전히 뒤집힐 정도로 긍정적인 자극과 충격을 받고 있다고도 한다. 그런 말을 들으면 나 역시 기분이 좋다. 나 때문에 고객이 행복해지고 미처 생각지도 못한 아이디어를 얻으며 나아가 새로운 자신을 발견하게 된다면, 그 이상의 존재 가치가 어디 있겠는가.

몇 해 전의 일이다. 평소 거래하던 은행에 잠시 들렀는데 그 시기에 승진한 과장이 내게 말을 걸어왔다.

"저, 이번에 과장으로 승진했습니다."

"축하드립니다. 이제 더 높은 지위로 승진하셔야겠네요. 그런데 과장님은 꿈이 뭐예요?"

나는 웃으며 그에게 물었다. 그는 머리를 긁적이며 말했다.

"아 예, 지점장이 되는 건데, 팀장님도 아시다시피 요즘 인사 적체가 워낙 심해서 어려울 것 같아요."

"네?"

나는 잠시 그를 쳐다보다가 정색하며 말했다.

"내가 봐도 과장님은 지점장이 되기는 어렵겠습니다!"

"……."

반응이 의외였던지 그는 당황스러워했다. 나는 그를 똑바로 보면서 진지하게 말을 이었다.

"지점장이 되겠다는 사람은 임원이 되겠다는 포부를 가져야 하고, 임원이 되려는 사람이라면 은행장까지도 꿈꿀 수 있어야 합니다. 은행장이 무슨 생각을 하는지, 전반적인 은행 업무는 어떤 것인지 남다른 관심을 가진 사람이 임원도 되고 은행장도 되는 것입니다. 그렇게 목표를 크게 가지고 최선을 다해도 될까 말까 하는 것 아닙니까? 그런데 처음부터 지점장도 어렵겠다고 생각한다면 그 자리에 오르는 일이 당연히 어렵지 않겠습니까?"

그는 더 이상 말을 잇지 못했다. 그리고 다음 날 아침 전화가 왔다.

"어제 집사람하고 밤에 한숨도 못 잤습니다. 솔직히 지금까지 그런 생각은 한 번도 못 했는데 이제 뭔가 보이는 것 같습니다. 나도 하면 될 것 같습니다."

그의 충격이 어느 정도였는지 짐작이 간다. 평소 자신이 갖고 있던 생각을 우연히 말했을 뿐인데 그냥 넘기지 않고 심각하게 지적했으니 속앓이가 얼마나 심했을까. 그러나 그는 나의 지적을 언짢게 받아들이지 않고 자신에게 도움이 되는 쪽으로 받아들였기 때문에 서로가 기분이 좋았다.

나는 진심으로 고객에게 해야 할 말이라고 생각하면 불편한 말이라도 꼭 하려 한다. 소중한 고객이기 때문이다. 물론 마음이 상하지 않게, 시간과 장소, 분위기 등을 잘 고려해서 애정을 담아 말한다.

고객은 처음에 당황하거나 놀라기도 하지만 지나고 나면 한결같이 고맙다고 한다. 그때마다 나는 "그렇게 말씀해주시니 오히려 제가 더욱 감사합니다. 고객님의 행복이 곧 저의 행복이지 않습니까?"하면서 한가족임을 다시 한 번 확인한다.

고객을 위해 최선을 다한다는 것은 그 결과가 고객에게 도움이 되도록 해야 한다는 사실을 뜻한다. 따라서 지금 당장 고객의 마음도 중요하지만 더 중요한 것은 현재 이루어지는 일이 고객에게 진정으로 도움이 되느냐 하는 것이다. 이렇게 생각하면 때로는 고객의 마음도 뒤흔들고, 따끔하게 지적해야 할 때도 있다. 물론 격려나 응원을 위해 그럴 때도 있지만 말이다.

이런 역할을 제대로 해내기 위해서는 고객에게 마음에 항상 가까이 다가가 있어야 한다. 지속적인 관심과 애정을 갖지 않으면 안 된다. 고객의 가장 큰 문제는 무엇인지, 가장 큰 애로는 무엇인지, 고객이 추구하는 목표와 꿈은 무엇인지, 성과는 어떤지 등 모든 것을 수시로 파악하고 챙겨야만 한다.

고객의 기억에서 잊혀지는 존재가 되면 끝장이다. 판매자는 고객이 필요로 할 때 그 존재 가치가 있기 때문이다. 고객의 마음이 오기를 기다리면 때는 이미 늦다. 고객의 마음속을 꾸준히 드나들어야 한다. 고객에게 진정 필요

한 존재가 되기 위해서는 때로는 고객의 심장을 흔들어야
한다. 그렇지 않으면 어느 순간 고객의 기억에서 지워지고
말 것이다.

프로는
언제나 고객을
즐겁게 한다

보험왕이 되면 으리으리한 시상식에서 화려한 의상을 입고 미스코리아처럼 등장한다. 그래서 시상식날 수상자들은 예쁜 모습을 보여주기 위해 초비상이다. 어느 해, 나는 늘 해왔던 것처럼 시상식 날 새벽 6시부터 메이크업과 헤어 손질을 하기로 하고 미용실에 예약을 해뒀다. 밤새 설레어 잠도 제대로 못 잤지만 시간에 맞춰 들뜬 마음으로 미용실로 달려갔다. 이른 시간이었는데도 미용실 스태프들은 이미 준비를 완전히 마친 상태로 나를 기다리고 있다가 힘차게 인사했다.

그들은 메이크업을 하면서도 "이마가 백만 불짜리"라든가 "눈썹이 자연스럽다"라며 기분 좋은 말도 건넸고, 내가 얼마나 만족하는지 계속 체크해가며 진행했다. 완벽한 손놀림과 체계적으로 움직이는 기민함만으로도 마음에 들었는데, 밝은 표정으로 일하는 사람들을 보자 마음이 더없이 편안했다. 그날은 기분이 좋아서인지 오후 늦게까지도 화장이 지워지지 않고 색감도 그대로 살아 있는 듯한 느낌이었다.

일주일쯤 지나서, 부상으로 받은 자동차 시승식 행사가 다른 장소에서 열렸다. 역시 행사 전에 미용실을 예약했다. 이번에는 그날 아침 행사장으로 가는 동선을 감안해 지난번에 갔던 미용실과 다른 곳으로 아침 8시 정각에 가기로 예약했다. 주차 공간이 따로 없어서 시간에 맞춰 택시를 타고 갔다. 이번에는 황당한 상황이 발생했다. 시간이 되었는데도 미용실 문이 잠겨 있었고, 그때까지 아무도 나와 있지 않았다. 미용실 전화번호만 알고 있었기 때문에 어디에 따로 전화를 걸어볼 수도 없었다.

발만 동동 구르며 30분이나 길에서 기다리자, 보조라는 사람이 그제야 부스스한 얼굴로 나와 문을 열고는 들어

오라고 했다. 밤새 차 있던 매캐한 냄새가 코를 찔렀다. 왜 이런 냄새를 손님에게 맡게 해야 하는지 모를 일이었다. 한쪽에서는 청소하고 나는 그 틈바구니에서 메이크업과 머리 손질을 받았다. 제대로 될 리가 없었다. 지난번 미용실과 너무나 비교가 되었다. '이름 있는 헤어숍이 왜 이런 시스템으로 운영할까?' 생각하니 그저 놀라울 따름이었다. 그 이후로는 불안해서라도 약속을 어긴 그곳에는 더 이상 예약할 수 없었다.

역에서 내려 택시를 타고 사무실까지 온 손님의 이야기도 인상적이다. 멀리서 온 이 손님은 역에서 택시를 탔는데 "운전기사가 묻는 말에 설명도 잘해주고 말도 재미있게 해서 웃느라 언제 왔는지 몰랐다"는 것이었다. 잔돈 700원도 받지 않았다며 만족해했다. 그 기사의 친절함 덕분에 그날 나와의 비즈니스도 순조롭게 이어졌다. 친절한 기사의 덕을 멀리서 온 손님만이 아니라 나도 톡톡히 본 셈이다. 행복 바이러스의 효과가 이런 것일까?

친절한 미용실 스태프와 택시 기사가 '프로'다. 프로는 언제나 고객을 즐겁게 만든다. 그런 능력과 자질을 갖추어야 한다. 똑같이 메이크업을 하면서도 손님의 기분을 최고로 만드는 사람이 있는 반면 마음이 상할 대로 상하게 하는 사람도 있다. 같은 택시 기사인데도 아무 말 없이 화난 얼굴로 운전만 하는 기사도 있잖은가. 이런 사람들에 비하면 밝은 표정으로 손님을 기분 좋게 한 그들은 프로라고 할 수 있다.

'프로'는 자기 일에 최고인 동시에 고객에게도 돋보인다. 또 철저한 자기관리를 바탕으로 능력을 최대한 발휘해 고객에게 만족과 기쁨을 준다. 고객에게 기쁨이나 즐거움을 주지 못하면 이미 프로가 아니다. 고객은 오늘도 프로가 제공하는 남다른 서비스를 기다리고 있다. 그 기대가 충족되지 않는 순간이 잦아지면 어느 순간 그 고객을 다시 보기 어려울 수도 있다는 사실을 잊지 말자.

정체성부터
확립하라

　　그리 오래전 일이 아니다.
경제적으로 여유가 없는 맞벌이 부부가 나를 찾아와 보험
에 가입했다. 주변 사람이 갑자기 사고를 당하는 것을 보고
나서 보험의 필요성을 절감했던 모양이다. 그런데 3개월
후 더 이상 보험을 유지할 수 없어 해약하겠다는 것이었다.
이유를 들어보니 주위 사람들로부터 "돈도 없으면서 왜 보
험에 들었느냐?"는 얘기를 많이 들었다고 했다. 마음고생
이 어지간했던 모양이다. 기운 없는 목소리의 그를 다시 설

득했다.

"아닙니다. 처음 가입할 때의 선택이 정말 옳았습니다. 여기서 포기하지 마세요."

우여곡절 끝에 그는 어렵게 보험을 유지하기로 했고, 그렇게 3개월이 흘렀다.

어느 날 다시 전화가 왔다. 딱하게도 위암에 걸렸다는 소식이었다. 그는 미안함과 안타까움이 가득 배인 목소리로 물었다.

"그렇게 변덕을 부렸는데도 그때 가입한 보험 혜택을 받을 수 있을까요?"

물론이었다. 결국 그 고객은 5천만 원 이상 지급 받았고, 다행히 치료를 받아 건강해졌다. 지금은 본인이 나서서 주위 사람들에게 "보험은 반드시 들어야 한다"며 추천하는 '보험 전도사'가 되었다.

그 모습을 보며 나는 행복했다. 누군가의 삶에 희망을 선사할 수 있는 최고의 직업을 가졌다는 보람에 가슴이 벅찼다.

나는 내 일을 정말 사랑하고 누구보다 자부심을 가지고 있다. 생각해보면 지금까지 내가 거둔 모든 결실이 이런 마음에서 비롯되었다고 생각한다. 자신의 일을 사랑하고 그 일을 왜 하는지 명쾌하게 답변할 수 있는 사람만이 도약을 꿈꿀 수 있으니까.

내가 이런 사실을 깨닫게 된 것은 보험을 시작하고 얼마 되지 않아서였다. 보유 고객 수가 조금씩 늘어나던 어느 날, 나는 적은 돈을 맡겼더라도 고객은 담당자가 최고의 자부심을 가지고 일하기를 바라는구나 하는 느낌을 받았다.

당시만 해도 보험 금융을 둘러싼 환경이 무척 열악했다. 보험에 대한 사회적인 통념도 좋지 않던 시절이라 나역시 크고 작은 허탈감을 느끼곤 했다. 그러던 어느 날, 나는 스스로에게 "내가 왜 여기 서 있는가?" 하는 큰 물음을 던졌다. 그리고 곰곰히 생각했다. 이 일을 제대로 하기 위해서 무엇보다 중요한 것은 정체성을 세우는 일이었다.

사람들은 매일같이 수많은 사람과 만나고 헤어지기를 거듭하면서 때로는 유리하고 불리하기도 한 관계를 유지한다. 그러나 정체성이 확립되어 있는 사람은 언제 어디서든 자신을 잃거나 양심을 버리지 않는다. 교만하거나 나태하지도 않고 스스로를 포기하거나 기만하지도 않는다.

지난날을 돌이켜볼 때 나 역시 정체성을 절실히 고민하지 않았더라면 지금 어떤 모습을 하고 있을지 알 수 없다.

바람이 불어도 흔들리지 않는 버팀목을 세우듯, 나는

그 당시 정체성을 확립하기 위한 수단으로 몇 가지 덕목을 선택했다. 그렇게 해서 나온 세 가지 덕목은 이후 쓰러질 때마다 나를 일으켜 세우는 등불이 되어주었다.

첫 번째는 내가 하는 일에 대한 사명감이다. 이 일은 누군가는 해야 하고 사회적으로도 반드시 필요한 역할이라 생각했다. 그렇기 때문에 포기할 수 없었다. 누가 알아주지 않아도 내가 확신하는 이 분야에서 소금 같은 사람이 되고 싶었고, 펌프의 마중물이 되고 싶었다.

세상에 태어나서 아이들을 키우고 남편을 내조하고 부모님을 잘 모시는 일도 중요하지만 더 나아가 내가 이 자리에 있어서 주변 사람들이 더 행복해진다면 얼마나 보람 있겠는가 생각했다. 그랬더니 보험을 제대로 알리는 것이 거역할 수 없는 운명처럼 느껴졌고 그 후로 나의 신념은 조금도 흔들리지 않았다.

두 번째는 내 일에 대한 풍부한 식견을 갖추는 것이다. 자신이 하는 일에 대해서는 누구보다도 많이, 정확하게 알고 있어야 한다. 금융 세일즈를 하는 사람이라면 돈의 흐름과 더불어 사회 전반에 대한 특별한 통찰이 필요하다. 특히 보험은 고객의 생활 패턴과 밀접한 관계를 가지고 있기 때문에 현재의 환경뿐만 아니라 미래의 전망, 더 나아가서는

고객은 마음을 타고 온다

관련 분야의 지식까지 갖추어야 한다.

지인들의 부탁으로 보험에 가입하는 경우가 많았던 16, 17년 전만 해도 보험에 대한 나쁜 감정은 대부분 상품에 대한 이해 부족으로 발생했다. "보험이라는 제도를 아십니까?" 하고 물으면 대답은 "낸 돈을 한 푼도 받지 못하는 천하의 나쁜 제도"라고 돌아왔다. 그런 대답을 들으면 나는 그분이 어느 회사에 어떤 보험을 가입했는지 물었고, 상품에 대해 알고 있는 상식을 객관적으로 잘 설명하여 고객의 얼어붙은 마음을 풀어주곤 했다. 이때부터 내가 하고 있는 일에 대해서는 누구보다도 많은 지식을 갖춰야 한다고 생각했다. 그 때문에 한순간도 긴장감을 늦출 수 없었다.

세 번째는 정직과 도덕성이다. 내게 있어서 정직과 도덕성은 사명감과 전문성보다 중요한 원칙이다. 고객은 사명감과 전문 지식만 갖고 있다고 해서 무조건 신뢰하지 않기 때문이다. 금융에 대한 전문 지식을 갖춘 동시에 '정직한 사람'일 때 그 사람에게 마음의 문을 연다.

고객에게 상품이나 제품을 팔기 위해서는 우선 신뢰를 사고팔 수 있어야 한다. 고객의 신뢰는 진심과 정직만으로 살 수 있다. 이를 위해서는 엄격한 자기관리가 필요하고 어떤 순간에서도 자신을 지킬 수 있는 뜨거운 양심이 살아 숨

쉬고 있어야 한다.

이렇듯 "나는 무엇을 하려고 하는가? 상대방에게 나라는 존재는 어떤 모습으로 비춰지고 있는가?"라는 물음에 답하기 위해 늘 깨어 있어야 한다. 그리고 높은 식견과 전문 지식을 갖추려고 부단히 노력해야 한다. 이것이 이 순간까지도 나를 든든하게 받쳐주는 버팀목이다.

다르지 않으면
살아남지 못한다

선입견을 극복하라...스물 아홉의 충격, 보험을 만나다...경험은 재산이다...저 사람은 다르다는 말을 듣지 못하면 살아남지 못한다...나는 콩나물시루에 물을 주었다... 행운은 준비된 사람만이 가질 수 있는 특권이다...실패도 힘이 된다...남김없이, 아낌없이, 후회없이 불태우라

행 운은 누구에게든 찾아온다. 어느 누구든 살아온 시간은 재산이 된다. 경험은 별 가치가 없어 보이지만 어느 순간 빛을 발할 때가 있다. 그 순간을 위해 오늘도 성실히 살아가는 것이 주어진 의무다.

선입견을
극복하라

입사한 지 4년째 되던 해였
다. 한 일간지에서 보험업계의 유망주로 나에게 인터뷰를
요청했다. 나중에 신문 기사를 보니 제목이 '보험을 위해
태어난 여자 예영숙'으로 되어 있었다. 묵묵히 걸어 올라온
높은 산의 정상에 다다른 듯 뿌듯함과 기쁨을 느꼈다. 그리
고 남다른 감회에 젖었다. 그러나 내게도 넘어야 할 장애물
이 많았다.

입사 2년쯤 됐을 때였다. 내 나름대로는 일에 자신감

이 붙고 누구와 상담해도 충분히 설득해낼 수 있을 것 같은 자기확신으로 가득 차 있을 때였다. 고객의 소개로 어느 회사 대표를 만나게 되어 약속 장소로 향하면서 의욕에 찬 부푼 마음을 안고 갔다.

그러나 시작부터 기대는 여지없이 무너졌다. 그가 나를 보자마자 한 말은 내게 큰 충격을 주었다.

"내가 볼 때 당신은 이 일에 전혀 어울리지 않아요."

"……."

"보험 영업이 어떤 건지 압니까? 결국 남에게 사정하러 다니는 일 아닙니까? 부끄러움을 무릅쓰고 하는 일이라는 말입니다. 척 봐도 당신은 거리가 멀어요."

당혹스러운 첫마디에 아무 말도 생각나지 않았다. '보험'이라는 말은 한 마디도 꺼낼 수 없었고 생각조차 나지 않았다. 숨이 콱 막히는 느낌이었다. 나는 허겁지겁 사무실에서 나왔고, 길가에 한동안 멍하니 서 있었다.

나는 누구보다 보험을 사랑했고, 이제 겨우 자리를 잡았다며 들떠 있었다. 그런 내가 보험에 어울리지 않는다는 말을 듣는다는 것은 전혀 예상하지 못한 일이었다. 도대체 무슨 문제가 있다는 것인가? 맨 처음 보험을 시작할 때의 일이 주마등처럼 떠올랐다. 남편을 비롯해 지인들은 백이면 백 나한테 똑같은 말을 했다. 그러나 그 모든 것을 넘어서서 본격적으로 보험 일을 잘해내던 상황에서 그 말을 들으니 몇 배나 더 큰 충격이었다. 그것은 절망감이었다.

그렇다면 그가 말하는 보험에 어울리는 사람은 어떤 모습이란 말인가? 어떤 얼굴이며 어떤 성격이란 말인가? 보험 설계사라는 직업은 왜 그토록 강한 선입견에 맞닥뜨려야 하는가? 누군가에게 따져서라도 속 시원히 답을 얻고 싶었다.

그러다 은근히 오기 같은 것이 생겨났고, 결국 이렇게 다짐했다.

'좋다. 나는 그분이 생각하는 모습이 아닌 나만의 모습으로 언젠가는 보험에 가장 잘 어울린다는 말을 듣고야 말겠다.'

그때부터 나는 고객들의 선입견을 바꾸기 위해 여러 가지 노력을 기울였다. 동시에 특별한 사람들의 전유물로 여겨지는 전시회, 공연 등에 더욱 관심을 가지며 나를 다양한 모습으로 계발했다. 또한 나만의 고유한 캐릭터를 확립하면서 정형화된 틀과 정면으로 맞섰다.

그리고 1년여의 시간이 흐른 뒤 스스로를 확인하기 위해 그를 다시 찾았다. 나는 이미 달라져 있었다. 1년 사이지만 많은 고객을 확보했고, 만나기 어려운 사람들과의 미팅도 어느 때보다 잘 이루어지고 있었다.

그러나 오랫만에 나를 대하는 그의 시선에는 여전히 안쓰러움이 묻어 있었다. 나는 다시 한 번 놀랐지만 차분함을 잃지 않은 채 사무실에서 나왔다. 언젠가 보이는 그대로 나와 보험을 그가 이해할 수 있는 날이 오기를 간절히 바라면서. 이후로도 나는 나만의 캐릭터를 지키며 인내심을 가지고 꾸준히 그를 만났다.

지성이면 감천이라는 말은 이때 사용하는 말일까? 한참의 시간이 흐른 뒤 그는 서서히 내 편이 되었다. 보험에는 전혀 어울리지 않는다며 그만두라고 했던 그가 어느 날 "당신이야말로 보험을 위해 태어난 사람이다"라는 놀라운 말을 건네며 새로운 고객이 되어주었다. 그리고 자신이 초면에 했던 말은 좋은 뜻으로 이해해달라며 해명했다.

"예 팀장이 너무 순해 보여서 사람들에게 치일까 봐 걱정됐기 때문에 그랬지요. 그때 예 팀장 모습은 왠지 보험 시장 이미지와 잘 부합되지 않더군요."

그 말을 듣고 보니 결국 '보험을 파는 사람과 보험 시장은 어떠어떠한 형태'라는 것을 미리 정해놓고 보는 그의 강한 선입견에서 비롯한 것이었다.

당시만 해도 보험뿐 아니라 영업 전반에 대해 경직된 편견이 뿌리 깊게 자리하고 있었다. 그리고 그 선입견에 따라 모든 사람을 하나의 유형으로 동일시해버리곤 했다.

나는 보험을 포함한 영업직에 대한 이런 시각을 빨리 깨뜨리고 싶었다. 나아가서는 현장의 중요성과 마케팅의 가치를 모든 이들에게 널리 인식시키고 싶었다.

그래서 나는 "보험 설계사라는 직업을 사회적으로 인정받는 가치 있는 전문직으로 끌어올리는 것이 궁극적인 목표입니다"라는 말을 입버릇처럼 달고 다녔다.

또 나는 "우리가 사는 세상의 중심에 영업이나 마케팅이 반드시 존재한다"고 역설하기도 했다. 뿐만 아니라 "의사, 교수, 변호사 등 전문직 종사자를 포함해 어느 누구도 마케팅에서 완전히 자유롭지 못한 시대가 눈앞에 와 있다"는 말도 자주 했다.

어떤 편견이든 깨어지려면 사회적인 노력이 필요하겠지만, 그전에 당사자 스스로가 뛰어넘으려고 노력해야 한다. 영업에서 큰 성공을 거두려면 영업에 대한 편견을 스스로 뛰어넘지 않으면 안 된다. 그렇게 할 때 비로소 자신이 만든 '나만의 자리'가 확고해진다. 알을 깨는 아픔이 있어야 새 세상이 열리듯이.

보험에 어울리지 않는다는 말을 많이 들었던 나는 그 이후 해마다 각종 언론에서 '움직이는 지점', '철의 여인', '기적을 만들어내는 여인', '보험 지존', '보험 신화', '생명보험 업계의 살아 있는 전설', '기록 제조기', '보험 장인', '보험 달인', '10연패의 금자탑' 이라는 닉네임까지 얻었다. 그 후로는 '보험에 어울리지 않는다' 는 말은 들어본 기억이 없다. 막막해 보이던 선입견이라는 벽은 뛰어넘겠다는 의지를 보인 순간, 벽이 아닌 발판이 되어 나를 뛰어오르게 했다.

스물아홉의 충격,
보험을
만나다

운명이란 참으로 알 수 없는 것이다. 일찌감치 결혼해 두 아이의 엄마가 되어 살림하고 가족들 뒷바라지하며 시 쓰는 일밖에 모르던 내가 보험을 하고 있다니. 20년 전만 해도 오늘의 나를 상상조차 하지 못했다. 그러나 지나온 세월을 돌아보니 그 모든 것이 이 순간을 위해 준비된 시간으로만 느껴진다.

학창 시절부터 글쓰기를 좋아했던 내게 결혼 후 유일한 외부 활동은 시동인 활동이었다. 아이들이 자란 후부터는 글짓기 교실을 운영했다. 결혼 전 사보 편집 일도 맡아서 하다가 그만둔 터라 그 경험을 살리기로 한 것이었다. 사택에 살고 있었기 때문에 남편 직장 동료의 자녀들을 모아 가르쳤다. 하루 두세 시간씩이지만 내가 좋아하는 시와 문학, 그리고 어린 두 아이와 이웃 아이들이 함께 어울리는 모습을 보며 평화로움을 느꼈다.

그러던 어느 날, 이웃에 사는 남편의 직장 동료가 갑자기 사고로 운명을 달리했다. 평소 잘 알고 지내는 사이인데다 젊은 나이에 당한 사고여서 이웃 모두가 이만저만 충격을 받은 게 아니었다. 봄날처럼 따스하기만 했던 그 가족은 가장이 세상을 떠나면서 집안이 풍비박산났다.

부인은 어린 두 아이를 시댁과 친정에 맡기고 직장을 구하러 다녔다. 매일 마주했던 그 아이들이 대책 없이 내몰리는 상황이 안타까워 눈물을 감출 수가 없었다. 그때 내 나이 스물아홉이었다.

아찔했다. 사택 단지였기 때문에 생활 수준도 고만고만해서 특별히 어려움을 겪는 집이 없었고, 그 집 역시 다르지 않았다. 그런데 한순간에 가족이 해체되는 모습을 보니 아찔하기만 했다. 지금의 평화는 누구도 보장해주지 못하고, 만약의 경우가 닥치면 한순간에 모든 것이 모래성처럼 무너질 수도 있다는 생각이 들자 갑자기 조바심 같은 것이 몰려왔다. 그래서 생각한 방법은 돈을 쓰지 않고 무조건 모으는 것이었다. 저축하지 않으면 사랑하는 아이들과 한순간에 헤어질 수도 있겠다는 생각이 들었고, 그것은 상상만 해도 무서운 일이었다.

그러던 어느 날, 시아버님이 나를 다급하게 부르셨다. 당시 시아주버님댁에서 함께 사시던 시부모님은 마흔여섯에 얻은 당신의 아들 생각에 막내며느리인 내게 용돈도 주는 등 각별히 아껴주셨다.

"아가야, 은행에서 몇 달 이자를 잘 주다가 요즘은 줄 것이 없다며 안 주는데 네가 한번 알아보아라. 담당자가 뭐라고 이야기는 하는데 도무지 알아들을 수가 없구나."

그런데 시아버님의 손에 이끌려 간 곳은 은행이 아니라 증권회사였다. 아버님이 증권사에 목돈을 맡기셨고, 담당 직원이 아버님의 돈을 운용해서 차익이 날 때마다 주식을 팔아 이자라면서 돈을 지급해왔던 것이다. 그러다가 주가가 계속 내려가면서 이익을 못 내자 어느 순간부터 지급을 중단했던 것이다. 증권사 직원은 내게 그간의 사정을 얘기하고 조금만 기다리면 장이 좋아져서 곧 원금을 회복하고 이익을 낼 것이라고 했다.

나는 난생처음 접하는 세계에 호기심이 생겼다. 마침 '돈'에 눈을 떴던 때라 새로운 재테크 수단으로 주식에 관심을 가지기 시작했고, 한동안 주식에 파고들었다. 신문의 주식란과 경제란은 빠뜨리지 않고 읽었고, 관련 책도 잔뜩 사 봤다. 그러다 보니 유가증권의 흐름을 조금은 알 것 같은 생각이 들었다. '고위험 고수익'도 이해하게 되었고 경제의 여러 구조가 바퀴처럼 맞물리며 돌아가고 있다는 것도 처음으로 알았다.

이때쯤 강남을 중심으로 부동산 붐이 일기 시작했다. 주식에 빠져 있던 나는 다른 재테크 수단에도 관심을 갖게 되었고 아파트와 상가, 토지 등 부동산에 대해서도 조금씩 알아가기 시작했다. 당시 아파트 시장은 '딱지'가 성행할 정도로 달아올랐다. 누구나 그렇듯 기회비용을 지불하기도 했지만, 그 모든 경험이 지식으로 쌓였고 수익 면에서도 성공적이었다.

그러나 도대체 얼마를 모아야 우리 가족의 미래가 안전할까 하는 것이 걱정스러웠다. 다다익선이라고 많을수록 좋겠지만 그 기준이 없다는 것, 또 어떻게 모아두어야 하는지 정답이 없다는 것 때문에 늘 부족하다는 느낌이 들었다.

남편은 회사 일에만 바빴고 이런 마음은 말할 수도 없

었다. 그때까지만 해도 보험은 내게 이웃 나라 이야기처럼 들렸다.

모든 것이 그렇듯 역사는 우연히 이루어지는 것일까. 내가 보험을 만난 것은 그야말로 우연이었다. 회사 일로 해외 출장을 앞둔 남편이 어느 날 갑자기 보험증서를 내밀었다. 누가 권유했는지는 몰라도 보험에 가입했던 모양이다. 나는 그때 보험증서라는 것을 처음 봤다. 깨알같이 많은 글씨가 적혀 있었는데 금방 이해할 수가 없었다. 첨부된 서류를 보고 있다가 '건강진단 무'라는 항목에 눈길이 갔다. '이게 뭘까?' 하고 혼자 궁금해했지만 뜻을 알 수가 없었다. 혹시 이런 항목을 제대로 챙기지 않았다가 나중에 보험금을 탈 때 문제가 되는 것은 아닌가 하는 생각이 들자 더 궁금해졌다. 궁금한 것은 물어보는 것도 나쁘지 않을 것 같아서 증서를 들고 직접 보험회사에 방문했다.

"보험증서에 있는 내용을 몰라서 왔는데 이것이 무슨 뜻입니까?"

담당자는 상해보험이기 때문에 건강진단이 필요하지 않다는 뜻이라고 상세히 설명해주었다. 몇 가지 더 물어보고 궁금증이 풀린 나는 사무실에서 나서려고 일어섰다. 그때 마침 신입사원을 위한 보험 교육을 안내하는 포스터가

눈에 띄었다.

　　순간 '교육이나 한번 받아볼까?' 하는 생각이 머리를 스치고 지나갔다. 시간도 있었고 보험에 대해 알아두면 나쁘지 않을 것 같았다. 특히 보험증서를 준 남편한테도 보험이 어떤 것인지 설명해주면 괜찮겠다는 생각도 들었다. 어떻게 그런 생각을 하게 되었는지 지금 생각해도 신기하기만 하다. 내가 궁금한 점을 물어보러 보험회사에 가지 않았더라면, 보험회사에 갔다가 그 포스터를 보지 못하고 그냥 나왔더라면 지금 내 인생은 어떻게 변해 있을까? 신세계로 나아가는 나의 대장정은 그렇게 시작되었다.

경험은
재산이다

"보험이라는 제도는 적은 돈으로 불확실한 미래에 대해 경제적인 대안을 마련하는 것입니다."

보험 강의 첫머리에 강사가 했던 한마디가 지금도 잊히지 않는다. 그 말을 듣는 순간, 나는 전율했다. 여러 재테크를 전전하며 내가 고민해온 해결책이 보험에 있었기 때문이었다.

그러면서 나는 보험 설계사 일을 시작했다. 보험이야

말로 인간이 만든 가장 훌륭한 제도라는 생각이 들었기에 보험을 전파하는 전령사로 새롭게 출발하고 싶었다. 그때가 1993년 6월, 이건희 전 삼성그룹 회장이 독일 프랑크푸르트에서 "마누라와 자식만 빼고 다 바꾸라"는 말과 함께 신경영을 선언했던 시기였다.

두 달 정도의 교육 과정을 마치고 지점으로 첫 출근을 했다. 지점에는 30여 명의 설계사들이 신입인 나를 기다리고 있었고, 누가 먼저랄 것도 없이 신고식을 해야 한다며 노래부터 하라고 주문했다. 원래 노래를 잘 못해서 잠시 고민하다가 "시를 한 편 낭송하면 안 될까요?"라고 물었다. 다들 좋다고 했다.

갑자기 아이들 생각이 났다. 내가 예정에 없이 일을 하게 되면서 아이들은 본의 아니게 홀로서기를 해야만 했다. 나는 두 아이를 얻은 기쁨을 노래한 〈아들과 나〉라는 자작시를 낭송하면서 의지를 다졌다.

아들과 나

피부에 와 닿는 따뜻함이 좋아서
사랑의 채찍보다 더 먼저 마음을 연다

아빠는 가끔 우리의 관계를 이야기한다

소심하고 고집이 센 것은 엄마를 닮았다고

그럴 적마다 엄만 네게 하루

몇 장의 책을 읽어 주는 것으로

너를 살찌게도 한다는

마음 한구석 어설픈 변명이 꿈틀거림을 느끼지

갓 태어난 네 모습에서 엄마의 고통은

자기희생이라는 희열로 승화되었고

때로 잠들지 못하던 너와 지샌 날들이

아프지 않은 추억을 만들어주었다

너와 나의 만남은

세상에서 가장 아름다운 자연에의 조화

보이지 않는 사랑의 동아줄

함께 서 있으되

너무 가까이 서 있지 않으려는 작은 떨림

언제나 일치가 아니라 합류이기를

다르지 않으면 살아남지 못한다

나는 전율 속에 보험 일을 시작했지만 벅찬 출발에 박수를 보내는 사람은 아무도 없었다. 박수는커녕 모두가 반대의 목소리를 높였다.

"보험은 형편이 어려운 사람들이 하는 일 아냐? 그런 걸 왜 하려고 해?"

"얼굴에 철판 깔아야 하는 일이래. 네가 그걸 어떻게 해? 당장 그만둬."

보험 영업에 대한 몰이해 때문이었다. 그러나 오히려 경제적으로 안정된 나 같은 사람이 이 일을 한다면 선입견도 깰 수 있고 오히려 도움이 될 거라는 낙관론을 펼쳤다.

해외 출장에서 돌아와 뒤늦게 사실을 알게 된 남편도 펄쩍 뛰었다.

"아이들한테 손이 많이 가는 이 시기에 꼭 일을 해야겠어? 그리고 왜 하필 그 일이야?"

남편이 '하필 그 일'이라고 말하는 데는 이유가 있었다. 남편에게도 보험 영업에 대한 선입견이 있었던 것이다. 회사에 있다 보면 보험 영업을 하러 들어와 책상에 명함을 두고 나가는 사람들이 많다고 했다. 직원들이 거들떠보지도 않는 것은 둘째치고 하나같이 싫어하더라는 것이다. 그런데 그토록 환영 받지 못하는 일을 왜 하려 하느냐는 뜻이었다. 그 말을 듣고 내가 물었다.

"모두가 그렇게 싫어하는데 당신은 왜 보험을 들었어요?"

"다들 안 드니까 나라도 들어준 거지."

남편은 미안한 마음에 부담이 가장 적은 것으로 들어줬다고 했다. 나는 이미 시작한 일이라 책임을 져야 한다고 했다. 못해도 1년은 해야 한다면서. 남편은 그렇다면 해보되 힘들면 언제든 그만두라고 했다. 당연히 그 정도도 못 채우리라 생각했던 모양이다.

나는 약속을 하나 더 했다. 계속 일을 한다고 해도 아이들이 대학에 들어가기 전까지는 저녁 7시 전에 퇴근하겠노라고. 그렇게 합의를 보고 시작한 일이 17년을 맞았다.

나는 남편과의 약속을 지켰다. 아침저녁, 학원으로 학교로 두 아이를 실어 나르고, 집안일 하고 뒷바라지하며 보험 일을 했다. 고객의 재정 컨설팅도 중요하지만 자신의 인생 디자인도 중요한 법이다. 일 때문에 가정에 소홀하지 않겠다는 것은 남편과의 약속일 뿐 아니라 나 자신과의 약속이기도 했다. 결과적으로 나와의 약속을 지킴으로써 스스로에게 당당했을 뿐 아니라 일에서도 큰 힘을 얻었다. 내 에너지의 원천은 가족이기 때문이다. 가족에 대한 의무를 소홀히 해서 늘 미안하고 불편한 마음이 있었더라면 어떻게 편안히 일을 할 수 있었을까.

어느 날 느닷없는 인연으로 다가온 보험이지만, 돌아보면 보험을 만나기 이전의 모든 세월도 이 순간을 위해 준비된 것만 같다. 이웃 가정의 갑작스러운 사고를 보고 시작한 재테크 덕분에 경제와 금융에 선행학습이 되어 있었고, 그로 인해 재정 컨설턴트로 당당하게 입지를 구축할 수 있었다. 시를 쓰는 문학적 감수성과 글쓰기를 통해 배운 논리적 사고는 비즈니스의 기본인 고객의 마음을 노크하고 설득해 나가는 데 크게 도움이 되었다. 또 사택이라는 공간에서 다진 인성과 대인관계는 영업에 꼭 필요한 품성을 마련해주었다. 이렇게 모든 것이 아귀가 꼭 들어맞듯 이 일을 위한 위대한 자산이 되었다. 더없는 행운이리라.

그런데 이런 행운은 나뿐 아니라 누구에게라도 찾아오는 것이다. 어느 누구든 살아온 시간은 그 자체로 자산이 된다. 그동안 쌓인 수많은 경험은 그것만으로는 별 가치가 없는 듯 보이지만 어느 순간 화려하게 빛을 발할 때가 있다. 그 순간을 위해 오늘 하루도 성실히 살아가는 것이 지금 우리에게 주어진 유일한 의무다.

저 사람은 다르다는
말을 듣지 못하면
살아남지 못한다

입사하고 얼마 지나지 않았을 때였다. 사무실 이웃 자리에 있던 동료 한 사람이 전화로 누군가와 떠들썩하게 말다툼하는 것을 들었다. 처음에는 별생각 없이 듣고 있었는데 갑자기 그가 목청을 높였다.

"너는 사촌이 가까운지 육촌이 가까운지도 몰라?"

"……."

"나만 보면 쪼들린다고 늘 엄살을 떠는데 어떻게 보험을 권유할 수 있었겠어?"

통화 내용으로 짐작하건대, 동료 설계사는 사촌이 자신에게는 보험에 가입하지 않고 같은 일을 하고 있는 육촌에게 가입한 사실을 뒤늦게 알고 화가 나서 따지는 것 같았다. 그의 친척은 "보험에 대해 제대로 설명 한 번 한 적 없다가 이제 와서 왜 이러는지 모르겠다"며 당황해하는 듯했다. 그러나 동료 설계사가 촌수를 따지며 보험에 가입하지 않은 것에 대해 거칠게 항의하자, 오히려 저쪽에서 "일을 그렇게 하면 안 되지"라는 식으로 반격하는 것 같았다.

그 친척은 촌수가 가깝고 멀고를 떠나 상품에 대한 구체적인 정보를 객관적으로 전해줄 상담 채널을 열어두었을 뿐이었고, 어느 날 경제적인 여건이 나아지자 그동안 상담해왔던 육촌을 통해 보험에 가입했을 것이다.

따라서 고객의 입장에서 보면 언제가 될지는 모르지만 나중을 위해 상품을 이해하고 정보를 알아둘 필요는 있었다. 그러니 그 필요성을 알려주고 정보를 전달해준 사람을 통해 계약을 체결하는 것이 매우 자연스러운 일이었다고 할 수 있다.

순간, 나는 잘못도 없이 공격을 받은 그 친척이 어떤 마음일지 생각해보았다. 당시 보험회사와 설계사들이 고객 만족의 길을 다각도로 모색하고 있었다. 그러나 바람직하지 못한 이런 모습은 고객과 대면하는 현장에서 그때까지도 자주 일어나고 있었다. 이런 고리를 끊지 않고서는 안타깝게도 더 이상 떨어질 곳 없는 설계사의 위상이 그 자리에 머물고 말 것만 같은 두려움에 휩싸였다.

나는 시위하듯 '저 사람은 남다르다는 말을 듣지 못하면 살아남지 못한다'고 마음속으로 되뇌었다. 그전부터 차별화가 필요하다고 생각했기 때문에 누구도 말릴 수 없는 뜨거운 열정이 솟아올랐다.

먼저 나를 위한 편의주의는 앞으로도 없어야 한다고 스스로 다짐했다. 시간이 걸리더라도 모든 일은 회사가 규정한 원칙을 100퍼센트 준수하면서 정확하게 방향을 잡아 처리해나가기로 결심했다.

나는 다르다는 소리를 듣기 위해 스케줄부터 철저히 관리했다. 내가 특강에서 자주 이야기하는 '3권의 노트'도 이즈음에 고안한 것이다.

다들 그런 것은 아니었지만 당시 설계사 중에는 아침 회의를 마치면 마땅히 갈 곳이 없다는 이유로 삼삼오오 찻집에 모여 시간을 보내는 사람들이 많았다. 그러다 점심시간이 되면 함께 식사하고 오후에 개인 볼일을 보다 보면 하루가 금방 간다. 그러고는 어쩔 수 없이 마감 시간에 쫓겨 허겁지겁 회사에 들어오거나 친척이나 동창을 찾아가 보험 가입을 권했다.

그러나 나는 그때도 바빴다. 누구보다도 갈 곳이 많아 쉴 시간이 없었다. 3권의 노트 덕분이었다. 첫 번째 노트에는 잠재고객 리스트를 작성했다. 만나고 싶은 사람, 만난 사람들의 이름을 적고, 만날 때마다 연락처, 신상, 관심사 등 추가 정보들을 계속 메모했다.

두 번째 노트는 신계약 노트로, 잠재고객으로 있다가 계약한 고객들의 명단을 적었다. 그리고 계약자의 계약 사항과 관련된 것과 고객 관리에 필요한 정보들로 채웠다.

마지막 세 번째 노트는 활동 수첩이다. 여기에는 매일 해야 할 일을 생각나는 대로 적은 다음, 당장 해야 할 일과 그다음에 해도 될 일을 구분해 우선순위를 매겨 관리했다. 노트만 펼치면 나는 갈 곳이나 연락할 데가 너무 많았고 할 일도 많았다.

3권의 노트만 가지면 시간 관리와 고객 관리에도 물샐 틈이 없었다. 지금도 이 3권의 노트는 항상 나와 함께하는 비즈니스 파트너이다.

3권의 노트를 기본으로 일정을 소화하며 다르다는 평판을 듣기 위해 여러 면으로 노력했다. 일단 고객과의 약속은 철저하게 지켰고 공사도 분명하게 구별했다. '옷차림도 전략'이라 생각해서 항상 단아하게 보이도록 노력했다. 음주가무 자리에는 참석하지 않았고, 팀장이 된 후에는 의례적인 저녁 회식 문화도 인내심을 가지고 바꾸어갔다. 대신 점심시간에 좋은 음식점에서 업무에 도움이 되는 회의를 하면서 팀워크를 다졌다.

표정과 언어 선택 하나에도 신경을 썼다. 화안애어和顏愛語라고 했던가. 표정은 늘 밝게 짓고, 따뜻한 말과 긍정적이고 순화된 언어만 사용하도록 노력했다. 또한 가정에 충실한 것이 기본이 되어야 한다는 일념으로 업무가 끝나면 바로 퇴근해서 엄마이자 아내로서 낮 동안 못다한 정성을 가족에게 쏟았다.

그러자 어느 때부터인가 주변에서 "예영숙은 다르다"라고 말하고 있었다. 관심을 갖는 사람도 늘어났고 회사에서나 고객들로부터 신뢰가 쌓여간다는 느낌도 들었다. 내 역할도 조금씩 커지고 새로워져갔다.

똑같아서는 살아남을 수 없다. 달라야 한다. '저 사람은 다르다'는 말을 들을 때 비로소 한 단계 위로 올라설 기회를 부여 받게 된다.

나는
콩나물시루에
물을 주었다

슬픔을 함께 나누는 것보다 기쁨을 함께 나누는 것이 더 어려운 법이라고 한다. 보험이라는 신천지를 만나 의욕에 벅차 있을 때, 나는 내 기쁨을 많은 사람과 나누고 싶었지만 마음처럼 쉽지 않았다. 영업을 떠나 보험이라는 좋은 제도를 알리고 싶은 선의도 어이없이 꺾여버리곤 했다. 그럴 때는 참 가슴 아팠다.

보험을 시작하고 얼마 안 돼 가까운 친구들과의 모임에 나가게 되었다. '신고식'을 하겠다고 그 자리에 나갔던 나는 난생처음 새긴 명함도 돌리고 밥값도 계산하겠다고 했다. 공과 사는 철저히 구분하고 싶어서 점심시간에 한 시간만 함께한 뒤 먼저 자리에서 일어섰다.

그런데 그날 저녁 가슴이 철렁 내려앉는 말을 들었다. 내가 돌아간 뒤 친구들은 나를 조심하자고 말했다는 것이다.

"오늘은 첫날이라 보험 얘기를 별로 안 했지만 다음번에는 틀림없이 보험에 들라고 할 거야."

"맞아. 하지만 보험은 드는 순간부터 손해니까 절대 들어주면 안 돼. 알았지?"

"다들 조심해."

그렇게 왜곡된 정보들이 내 등 뒤에서 난무했다고 한다. 나에 대한 경계경보와 함께. 안타까운 마음에 넌지시 전화해준 친구에게 그 말을 듣고 나니 가슴이 턱 막혔다. 다음 날도, 그다음 날도 나는 웃음을 잃고 말을 잃었다. 회사에 가도 평소와는 달리 아무 의욕이나 감정이 생기지 않았다.

사랑하는 친구들에게 받은 마음의 상처와 충격이 너무나 컸다. 문제는 보험에 대한 나의 믿음조차 흔들렸다는 것이었다. '내가 너무 푹 빠져 있어서 보지 못하고 있을 뿐, 친구들이 말하는 것처럼 보험이라는 것 자체에 문제가 있는 것일까?' 하는 데까지 생각이 미치자 혼란스러웠다.

살아도 사는 게 아니었다. 사흘째 되던 날, 도저히 안 되겠다 싶어서 친구 한 명에게 전화를 걸었다. 보험에 대해 왜곡된 의견을 가장 강하게 피력했다는 친구였다. 정말이지 이유라도 알고 싶었다. 내가, 그리고 보험이 정말 피해야만 하는 존재인가? 나는 조심스럽지만 단도직입적으로 물어보았다.

"혹시 보험을 가입해본 적 있니? 보험을 어떻게 그렇게 잘 알아?"

그러자 친구가 말했다.

"나는 아니고 우리 올케가 3개월 전에 암보험에 들었는데, 해약하니까 돈을 하나도 안 준다고 하더라."

"뭐? 너 그것 때문에 보험이 나쁘다는 거였어?"

친구는 그렇다고 했다. 내 가슴에 바위덩이처럼 얹혀 있던 절망이 한순간에 녹아내렸다. 전화를 끊으며 나는 혼잣말로 '그거야 당연히 안 주는 거지……' 하면서 피식 웃었다. 친구들이 내 일을 경계했던 것은 순전히 보험에 대한 인식 부재 때문이었다. 그 답을 알게 되자 한편으로는 고맙다는 생각까지 들었다. 친구들도 고마웠고 며칠간의 고통조차도 고마웠다. '아, 이렇게 많은 사람들이 보험에 대해 모르고 있구나. 내 가까운 친구들조차도. 그렇기 때문에 내

역할이 필요한 거로구나.'

그 순간 내 목표는 뚜렷해졌다. 친구들처럼 보험에 대해 모르는 사람을 위해 이 일을 해야 한다는 확고한 사명감이 가슴에 새겨졌다. 그때 그 사건이 없었다면 신념을 가지고 일을 해나가는 데 어려움이 있었을지도 모른다. 많은 사람들이 그렇듯 나도 흔들렸을 것이다. 그러나 그때의 시련을 통해 단련되면서 남들이 흔히 겪는 고비를 잘 넘길 수 있었다. 시간이 흐른 후 그 친구는 내게 먼저 전화를 걸어 자신도 보험에 들겠다고 했다.

또 한 번 인상 깊은 사건이 있었다. 당시만 해도 보험에 대한 이해도가 매우 낮았기 때문에 가는 곳마다 사람들은 약속이라도 한 듯 "돈이 없다", "보험이 필요 없다"는 말만 했다. 이렇듯 입사 초기의 보험시장은 내게 미개척지와도 같았다. 그런데 이때 내게는 잊지 못할 사건이 생겼다.

어느 날 한 중소기업을 방문하게 되었다. 사장은 만날 때마다 보험에 대해 묻기보다는 오히려 내 신상에 대해 이것저것 궁금한 것을 물으면서 "왜 보험을 시작했느냐. 하루라도 빨리 보험 일을 그만두라"고 했다. 늘 그런 식이었다.

나는 그가 관심을 두지 않더라도 보험의 가치와 소중함을 반복해 설명하고는 회사를 떠났다. 그런 일이 반복되자 사장은 자신이 무슨 말을 하든 아랑곳하지 않고 일주일 후면 어김없이 나타나는 게 기가 막혔던 모양이었다. 어느 날 작심이라도 한 듯 정색하며 내게 말했다.

"교육을 철저히 받아서 벌써 세뇌가 되었나 보네요. 이미 한쪽 다리는 보험회사에 깊이 빠진 것 같은데 지금이라도 빨리 정신을 차리고 발을 빼세요!"

그는 진심으로 답답하다는 표정으로 여동생을 나무라듯 호통을 치며 말했다.

"나도 이전에 안 해본 일이 없고, 안 해본 사업이 없습니다. 그런 나도 보험만큼은 안 했어요. 그게 아무나 하는 게 아니기 때문에 안 한 겁니다. 내가 이러는 건 댁이 걱정돼서 하는 소리니까 하루라도 빨리 보험 일을 그만두세요."

그는 강하게 주장하다가 타이르듯 말하기도 했다. 집요한 반대에도 불구하고 내가 쉽게 물러설 것 같지 않자 이번에는 거침없이 말을 쏟아 부었다.

"살면서 당신처럼 고집 센 사람은 처음 봅니다. 보험을 하든 말든 당신이 알아서 하고, 앞으로 우리 회사에는 오지 마세요! 당신한테 내놓는 커피가 아까워서 그러는 게 아니라, 당신이 무슨 말을 해도 나는 보험에 들지 않을 거란 말입니다. 앞으로도 보험은 영원히 안 들 사람이고, 죽어도 안

든다는 말이요. 그러니 이제 당신을 볼 일이 없습니다!"

그의 가시 돋친 말이 내 가슴을 마구 찔렀다. 오지 말라고만 말해도 충분히 알아들을 텐데 굳이 심한 말까지 해야 하나 싶어서 마음이 너무 아팠다.

"사장님, 걱정해주셔서 감사합니다. 우리나라가 현재는 생명보험 가입률이 열 가구 중 두 가구 정도밖에 되지 않을 정도로 열악하지만, 먹고사는 문제가 어느 정도 해결되면 머지않아 미국이나 일본처럼 너도나도 보험에 가입하는 시대가 올 겁니다. 저는 10년 이내에 분명 달라질 거라 기대하고 있습니다. 안녕히 계십시오."

나는 사장에게 큰절을 올리듯 고개를 깊이 숙이며 인사하고 물러났다. 그래도 꼭 해야 될 말 같아서 몇 마디 하고 밖으로 나오는데 갑자기 오만가지 회의가 몰려왔다.

'이래서 많은 사람들이 나를 말렸구나. 이래서 보험이 어려운 일이라고 했구나. 이제 어떻게 해야 하나?' 갑자기 방향감각을 잃은 것 같았다.

쫓겨 나온 사무실을 천천히 돌아보았다. 설계사로 입문해서 처음으로 명함을 돌리고 고객과 인사를 나눈 곳이다. 이 사무실 저 사무실을 방문했지만 어디에서나 따뜻함을 느끼지 못해 무척이나 쓸쓸했던 곳이기도 했다. 그러나 내게 주어진 사명을 다한다는 각오로 흐린 날에는 우산을, 맑은 날에는 양산을 들고 매주 빠지지 않고 웃는 얼굴로 찾아갔던 곳이다. 그런 곳이 지금은 먹구름만 짙게 드리워져 있구나 하고 생각하니 발걸음을 옮기는 것조차 힘이 들었다.

그리고 석 달이 흘렀다. 길을 가고 있는데 "이봐요, 이봐요" 하면서 뒤에서 부르는 소리가 들렸다. 돌아보니 어떤 사람이 제법 멀리 떨어진 곳에서 나를 보고 손짓하고 있었다. 자세히 보니 몇 달 전에 들렀던 그 회사 사장의 친구였다. 사무실에서 인사를 나누었던 기억이 났다.

"안녕하세요?"

"오랜만입니다. 그 회사에 한번 가보세요. 사장이 예영숙 씨를 찾고 있어요."

나는 의아했다. 보험은 싫다며 소리치던 사람이 나를 찾는다니 믿기질 않았다. 그래도 진지하게 찾는 다는 말에 다시는 발을 들이지 말라고 했던 그 회사로 찾아갔다.

"안녕하세요? 오랜만에 뵙겠습니다."

"이제 초짜 티는 면했네요!"

"감사합니다."

사장은 빙그레 웃으며 반갑게 나를 맞아주었고, 나에게 보험을 하나 들기로 미리 작정한 듯했다.

"연금은 하나 들어야겠어요."

"네, 연금은 반드시 들어야 해요."

나는 웃으며 그의 말을 받았다. 그는 한참 동안 보지 못한 사이에 완전히 달라져 있었다.

몇 달 전에 외롭게 걸었던 그 길을 걸어 나오며 나는 세상에서 가장 아름다운 거리 풍경을 보았다. 그날의 햇살에는 연한 오렌지 빛깔이 찬연하게 채색되어 있었다. 세상은 살 만한 가치가 있는 따뜻하고도 푸근한 곳으로 느껴졌다. 기쁨에 겨운 나머지 서류를 가슴에 안은 채로 폴짝폴짝 뛰어보기도 했다. 세상을 다 얻은 기분이었다.

'내가 콩나물시루에 물을 주었구나. 콩나물시루에 물을 주면 물은 아래로 다 빠져나가도 콩나물이 자라듯이 내가 저분의 가슴에 보험의 필요성을 전달했구나.'

그동안 내가 하는 말은 언제나 한쪽 귀로 들어가 한쪽 귀로 흘러 나간 것 같았지만 그 가운데 남은 것이 있었나 보다. 그가 그토록 심하게 보험을 반대했을 때 "잘 알았습니다"라며 그냥 돌아섰더라면 오늘의 결과는 없었을 것이다. 콩나물시루에 물을 주지 않으면 콩나물이 자랄 수 없듯이, 내가 그에게 보험의 필요성에 대해 말을 전하지 않았더라면 그의 인식 또한 더 이상 자라지 못했을 것이다.

이때 나는 '아, 바로 이것이구나! 바로 이거야' 하면서 혼자 몇 번이고 감탄하고 감격했다. 또한 전에는 몰랐던 새로운 발견에 스스로 놀라지 않을 수 없었다. 그리고 무엇과도 바꿀 수 없는 세 가지 깨달음을 얻었다. 첫째, 사람의 마음은 이렇게 바뀔 수도 있다는 것이었다. 둘째, 거절은 끝이 아니라 판매의 시작이라는 사실이다. 셋째, 앞으로 설득하지 못할 사람은 없을 것이란 자신감이었다.

비 온 뒤 안개가 바람에 쓸려 말끔히 걷히고 일순간에 투명한 세상이 눈 앞에 펼쳐지는 듯 나는 새로 태어난 느낌이었다. '돈오돈수頓悟頓修'라고 했던가. 한순간에 나는 보험을 다 알아버린 것만 같았다. 말할 수 없는 충만감이 느껴졌다.

이즈음 나는 회사에 나가고 싶어 캄캄한 새벽에도 몇 번씩 잠에서 깼다. 아침을 기다리는 것이 너무 지루해 이리저리 몸을 뒤척였다.

"나는 내가 하는 일을 정말로 사랑합니다. 지금도 매일 아침 탭댄스를 추며 출근합니다."

'투자의 귀재', '세계 최고의 부자' 등의 수식어로 잘 알려진 워렌 버핏이 한 말이다. 그 당시 내 마음이 꼭 그랬다. 그리고 지금도 그 마음은 변함없다.

행운은 준비된
사람만이 가질 수 있는
특권이다

지금이야 종신보험에 치명적인 질병·장기요양·의료실손 등 증권 하나로 종합보장되는 통합보장보험까지 상품이 진화를 거듭했지만 16년 전만 해도 우리나라 생명보험은 월 2만~3만 원 정도의 보험료를 납입하는 보장성 보험이 대부분이었다. 보험이라고 하면 일반적인 인식도 '다치거나 질병이 생기면 돈을 타는 것' 정도였고, 대부분의 담당자들 또한 입사하면 상해보험이나 암보험과 같은 보장성 보험 판매에 매달렸다.

물론 이때도 저축성 보험이 있었다. 단지 관심을 갖는 사람이 많지 않아 주목 받지 못하고 있었을 뿐이다. 나는 팀장이 된 후 기본적인 보장성 상품과 함께 저축성 보험 판매에 많은 공을 들였다. 내가 거둬들이는 수입 보험료를 조금이라도 높이고 싶었기 때문이다.

이자율이 낮고 도중에 해약하면 원금 손해가 발생하기 때문에 언뜻 보면 보험회사의 저축성 보험은 제1금융권 저축 상품과 경쟁이 되지 않는 것처럼 보였다. 그러나 보험 저축은 이자 소득에 대한 비과세 혜택이 있기 때문에 5년 만기 시 실제 수익률이 타 금융권과 크게 차이가 나지 않을 뿐더러 보장도 따랐다.

그렇다면 해볼 만하다는 생각이 들어 집중적인 관심을 쏟기 시작했다. 우선 중도 해지 시 원금을 손해 볼 수도 있다는 보험 저축의 불리한 점이 생각하기에 따라 장점이 될 수도 있다고 결론을 내렸다.

사람들이 목돈 만들기에 실패하는 이유가 도중에 해약하고 싶은 유혹을 이기지 못하기 때문이라고 생각했다. 따라서 고객들이 목적 자금 만들기로 가입해서 만기를 채우는 수단으로 장치를 걸면 되겠다고 생각했다. 이런 콘셉트로 샐러리맨 또는 중산층에 가입을 적극 권장했고, 소득이 있을 때 저축부터 하고 목돈을 만든 이후에 지출을 계획하는 것이 재테크의 기본 원칙이라고 설명했다. 가입자가 하나 둘 늘어나면서 내가 거둬들이는 전체 보험료도 조금씩 높아졌고, 날이 갈수록 가속도가 붙는 것이 느껴질 정도였다.

행운은 준비된 자에게 찾아온다고 했던가? 타 금융권과 힘겹게 경쟁하면서도 내 나름대로는 선전하고 있던 1996년 어느 날 '내년부터 금융소득종합과세제도를 실시한다'는 정부 발표가 나왔다. 배우자를 포함해 금융 소득이 연간 4천만 원을 넘는 사람에게 무거운 세금을 부과하는 새로운 정책이었다.

특기할 만한 것은 개인연금저축과 장기주택마련저축, 근로자우대저축 등과 함께 보험회사의 5년 이상 저축성 보험에서 발생하는 이자 소득은 금융소득종합과세 대상에서 제외된다는 사실이었다. 제1금융권 저축과 비교할 때 차별화를 꾀하지 못해 늘 불리한 상황에서 경쟁하던 나로서는 천군만마를 만난 듯했다.

재테크란 투자 원금에 대한 운용 수익률을 어떻게 올리느냐 하는 머니 게임이다. 그러므로 최종 수익이 얼마인가 하는 것이 중요하고, 수익 구조가 얼마만큼 안정적인가 하는 것이 고려의 대상이다. 아무리 높은 수익률을 올린다고 해도 세금을 많이 내면 의미가 없고, 수익 구조가 안정적이지 못하면 이 또한 문제가 있다.

나는 이 부분에 특별히 주목하면서 이때부터 소득이 비교적 높은 층을 대상으로 새로운 자산 관리 프로그램을 만들어 적극적으로 뛰어들었다. 우선 부동산에 과도하게 치우쳐 있는 자산을 조정하도록 유도하면서 유동성 확보 차원에서도 금융 자산 비중이 높아지도록 포트폴리오를 재구성했다. 특히 금융 부분은 단기와 중기, 장기로 나누어 장단기 자금이 균형을 이루도록 대안을 제시하고 장기 자금은 장기 저축성 보험이 중심이 되도록 설계했다.

이를 통해 금융 소득 구조를 안정적으로 재편하는 동시에 금융소득종합과세 때문에 방향을 잡지 못하는 자금에 활로를 열어주었다. 결과적으로 이것은 큰 설득력을 발휘하면서 엄청난 관심을 끌었다. 저축성 보험은 가입 금액에 한도가 없고 5년 이상만 되면 비과세(2009년 현재는 10년 이상)인 데다 금융소득종합과세 대상에서 제외되기 때문에 믿을 만한 보험회사라면 충분히 생각해볼 수 있는 상황이었다.

낮은 곳으로 물이 흐르듯 실제 수익률이 좋은 쪽으로, 좀 더 안정적인 쪽으로 자금이 흘러들었다. 저축성 보험에 대한 적극적인 관심이 때마침 금융소득종합과세 실시라는 호기를 만나면서 내게는 엄청난 행운으로 찾아온 셈이다.

아무리 낮추어 잡아도 이때 나의 월소득은 입사 초기에 비해 100배 이상 급증했다. 이 무렵 보험 금융도 재테크가 될 수 있다는 사실이 중요한 정보가 되었고, 비로소 '보험회사를 통한 종합자산관리 시대'가 열린 것이다.

행운을 만나는 것은 따지고 보면 간발의 차이다. 그러나 그 한 발을 앞서기 위해 남다른 긴장과 열정 그리고 노력이 담보되어야 한다. 다른 사람들이 표면 수익률만 보고 저축성 보험을 유치하는 데 소극적이거나 무관심할 때, 누구보다도 먼저 상품을 깊이 있게 이해한 것은 아무리 생각해도 절묘한 선택이었다. 그로 인해 저축성 보험에 대해 더 넓게 접근할 수 있었고, 그것이 경쟁력이 되어 금융소득종합과세란 커다란 변수와 접목되면서 기회를 포착할 수 있었다고 본다.

그래서 사람들은 간절히 원하고 최선을 다하면 운도 따라온다고 했던 것이 아닐까! 운은 준비된 사람만이 차지할 수 있는 특권이다.

실패도
힘이 된다

"예영숙은 지금까지 실패를 한 번도 안 해봤을 것이다"라고 말하는 사람들이 있다. 그럴 리가 있는가. 따지고 보면 나도 크고 작은 도전에서 실패가 많았다. 남다른 고통과 위기도 없지 않았다. 그런데도 실패를 안 했을 것같이 보인다는 것은 지금까지 나의 성과물이나 '성공담'만을 너무 많이 전해 들었기 때문일 것이다.

과연 이 세상에서 아무런 실패도 경험하지 않고 한 분

야에서 우뚝 선 사람이 어디 있겠는가. 살아가면서 일하면서 누구나 수많은 실패를 경험하고 숱한 고통과 위기에 직면한다. 단지 그것을 어떻게 받아들이고 극복하고 관리하는가의 차이가 있을 뿐이다.

어떤 이들은 단 한 번의 실패도 극복하지 못한 채 영원히 패배한 삶을 살기도 하고, 어떤 이들은 수차례의 실패에도 오뚝이처럼 다시 일어나 새로운 삶을 구가하기도 한다. 실패를 어떻게 보고 받아들이느냐 하는 관점이나 인식의 차이 때문이다.

위기도 마찬가지다. 위기를 단순히 고통이나 아픔으로만 받아들이면 해법이나 돌파구가 없다. 그러나 적극적으로 대안을 모색하면서 철저한 자기반성과 비판 그리고 자기검증을 통해 왜 위기에 빠지게 되었는지 그 원인을 찾아내는 사람도 있다. 이들에게는 위기가 값진 '기회'나 '계기'가 되기도 한다.

그랜드 챔피언 자리에 있었던 지난 10년간 매년 200억 이상의 수입 보험료를 거둬들였지만 나에게도 쓰라린 경험이 많다. 지금 생각해봐도 가슴이 답답한 안타까운 기억이 있다.

5년 전쯤의 일이다. 서른 살이 갓 넘은 한 청년이 신문에 난 기사를 스크랩해서는 3억 원짜리 종신보험에 가입하겠다며 나를 찾아왔다. 한눈에 봐도 착실하고 성실해 보였다. 나는 친절하게 안내해서 신체검사를 받게 했다. 그는 간에 약간의 증상이 있다는 판정을 받았고, 특별 조건부 계약 형태로 어렵게 종신보험에 가입하게 되었다. 보험에 가입하던 날은 "만약의 경우 부모님을 생각해서 보험에 가입하는 것"이라며 기뻐하기도 했다.

그런데 두 달쯤 지나서 그가 뜬금없이 해약을 요구했다. 사연을 알아보니 청년의 어머니가 "아직 나이도 젊은데 종신보험은 왜 들었느냐"며 집요하게 나무랐다는 것이다. 여러 번의 통화에서 그는 내게 간곡히 요청했다.

"더 이상 부모님을 설득하기 어려우니 이해해주세요."
결국 종신보험은 시작하자마자 끝이 나고 말았다.

그리고 서너 달쯤 지났을 때였다. 청년은 내게 전화를 걸어 청천벽력 같은 소리를 했다. 급성 간암 판정을 받아 병원에 있는데, 의사가 석 달을 못 넘길 것 같다고 진단했다는 것이었다. 내게서 보험을 유지하는 고객은 아니었지만 너무나 안타까운 마음에 병원으로 달려갔다. 몇 달 사이 병색이 완연해진 그는 치료도 받지 못하고 입가에 거품을 문 채로 힘없이 병실에 누워 있었다.

고객은 언제나 떠날 준비를 한다

나는 의료비가 부담스러워 적극적인 치료를 받지 못한다는 그의 말에 어떤 위로의 말도 해줄 수가 없었다. 한참을 그대로 서 있다가 종교가 있느냐고 물었다. 고개를 가로 젓는 그를 향해 "지금이라도 종교에 귀의하면 좋겠다"라고 말하고 병실에서 나왔다.

일주일 뒤 다시 그를 찾았을 때 그는 복수가 차 임산부처럼 배가 불러 있었다. 보험만 해약하지 않았더라도 정상적인 치료를 받으면서 암세포와 전쟁을 벌일 용기를 발휘했을 것이다. 그러나 그는 무기력한 상태로 죽음을 기다리고 있을 뿐이었다. 나는 그의 어머니를 찾아가 원망하듯 물었다.

"왜 그토록 보험을 말리셨어요?"

그 어머니는 눈물 젖은 목소리로 후회 섞인 한마디를 던졌다.

"누가 이럴 줄 알았습니까."

네 번째로 그를 찾았을 때 그는 이미 병실에 없었다. 청년은 석 달이 아니라 한 달 만에 홀연히 저세상으로 떠났다. 보험 해약을 끝까지 말리지 못한 죄책감이 밀려왔고, 병원 문을 나서는 발걸음이 한없이 무거웠다. 그때 나는 '내게 주어진 사명을 다하지 못했다'는 자책으로 괴로웠고, 가슴 아프게 반성했다.

　　그 청년에 대한 '실패'가 교훈이 된 경우도 있다. 50대 중반의 자영업을 하는 고객이 치명적인 질병을 중점적으로 보장 받는 CI보험에 가입한 뒤부터 "어려운 형편에 보험을 가입하는 바람에 자주 부부싸움을 하게 된다"며 역시 해약을 요청했다. 나는 그때마다 이쪽저쪽에 전화를 걸어 극구 만류했다.

　　"어렵겠지만 이 보험만큼은 유지하는 것이 훗날 도움이 될 겁니다."

　　그 후로도 여러 번 설득했으나 끝내 마음을 바꾸지 않았다. 해약하겠다며 회사로 찾아왔을 때도 연체 상태로 두고 마지막으로 한 번만 더 생각해보라고 권했다. 그러던 어느 날, 부인이 다급한 목소리로 전화를 했다.

　　"그때 해약해달라던 보험 어떻게 됐습니까, 해약됐습니까?"

　　왜 그러냐며 이유를 묻자 남편이 가슴이 답답해 병원에 갔다가 폐암 판정을 받았다고 했다. 살펴보니 전월 보험료는 제때 내지 않았지만 연체 상태로 계약은 유지되었기 때문에 보장 혜택은 그대로 받을 수 있었다.

　　나는 가입한 내용대로 보장 받을 수 있다고 말해주고

는 서류 절차를 밟아 보험금을 수령할 수 있도록 해주었다. 암 치료로 고통 받는 상황에서도 부부는 오히려 병문안을 온 주변 사람들에게 보험에 대해 감동적인 이야기를 전하며 내게 감사를 표시하기도 했다. 보험금 덕분에 그는 후회 없이 치료를 받을 수 있었다.

때로는 정성을 다한 컨설팅이 돌발적인 상황에 부딪쳐 크게 실망한 적도 있었다. 10년 전쯤 일이다. 전문직에 종사하는 한 부부를 알게 되었는데 그들은 바쁜 생활 탓인지 보험에는 도무지 관심이 없었다. 나는 3개월 정도 최선을 다해 그들의 미래에 관해 여러모로 설계해주며 많은 노력을 기울였다. 찔러도 피 한 방울 나지 않을 것 같던 그들이 결국 나의 제안에 따라 신체검사를 모두 마치고 제법 큰 금액의 보험에 가입했다. 청약서를 작성하고 첫 보험료를 납입한 후 그들은 무척 뿌듯해했다. 그런데 그다음이 문제였다.

그들의 가까운 친척이 다른 회사에서 보험 일을 하고 있었는데 친척에게 자랑삼아 보험 든 이야기를 했다가 난리가 났다는 것이었다. 이 일을 어떻게 하면 좋겠느냐고 내게 물었다. 순간 코미디처럼 느껴지기도 했다. 억울한 마음이 들었다. 내가 아니었으면 그들은 보험의 개념조차 몰랐을지도 모른다.

보험에 관해서는 백지상태였던 그들을 끝까지 이해시키고 가입시키기까지 온갖 어려움이 있었다. 그런데 갑자기 친척이 개입됐다고 내게 해답을 물어 온다면 그동안 내가 한 일은 무엇이란 말인가? 내가 고안해낸 큰 건물의 설계도면을 막무가내로 빼앗기는 기분이었다. 소중한 그 무엇을 강탈당하는 느낌이 들기도 했다.

돌이켜보면 그러한 과정에서 빚어진 크고 작은 실패와 수많은 일 처리 과정에서 생겨나는 어려움들 때문에 그만큼 많은 해결책과 예방책도 세울 수 있게 되었으리라. 아픔이 아픔으로 그치는 것이 아니라 때로는 한 바퀴 돌아 약이 되기도 하고 지혜가 되기도 한다. 그래서 아픈 만큼 성숙한다고 했던가. 실패와 고통은 분명 쓰디쓴 것이지만 스스로를 건강하고 튼튼하게 만드는 놀라운 자가 치료제라고 할 수 있다.

성공한 사람들은 위기나 실패를 최소화하기 위해 있는 힘을 다한다. 그것을 두려워하거나 피해 가려고만 하지 않는다. 오히려 그 경험을 소중한 자산으로 삼는다. 따라서 위기를 잘 극복하는 사람들은 위기를 면역 주사처럼 여긴다.

실패를 딛고 일어서는 사람 역시 실패가 희망과 용기마저 모두 빼앗아 가지는 않는다고 믿는다. 그래서 그들에게는 자신감이 있고 새롭게 도전하고 극복할 수 있는 에너지가 생겨난다. 반면에 실패를 두려워하거나 위기를 피하려고 하는 사람은 자신감이나 희망을 가질 수가 없다. 새로운 용기도 발휘할 수가 없다.

어떤 사람이 자신에게 닥친 몇 가지 어려움을 스스로 해결해냈다고 생각해보자. 그는 그 일을 통해 훨씬 많은 종류의 해법과 대안을 확보하게 된다. 부수적으로 더 많은 예방책과 안전장치도 얻게 된다. 어려움이나 위기가 없었다면 하나도 얻지 못할 것을 얻게 되는 것이다. 이처럼 실패나 위기를 극복하면서 얻은 다양한 지혜가 밑거름이 되었을 때 비로소 성공으로 나아갈 수 있다.

산이 높으면 골도 깊다고 했다. 성공한 사람들은 성공하기까지 그만큼 더 크고 많은 고통과 실패의 아픔을 겪었다고 봐야 한다. 지난날의 고통과 아픔을 이겨낸 것이 기초가 되고 위기를 극복한 것이 바탕이 되었기 때문에 지금의 성공과 영광도 있을 수 있는 것이다. 어쩌면 성공은 숱한 아픔과 고통을 딛고 서는 것이며, 그것을 먹으면서 꾸준히 자라는 것인지도 모른다.

멀쩡하게 돌아가던 고객의 회사가 어느 날 국제 금융 상황과 맞물려 큰 위기에 처했을 때 나도 덩달아 숨을 죽였다. 2,500여 명에 이르는 고객과 나의 '아름다운 소통'은 늘 그런 식으로 불규칙한 호흡을 유지할 수밖에 없다.

그렇다. 이제는 실패도 위기도 당당하게 정면으로 대해야 할 때다. 어려움이나 아픔도 멀리할 것이 아니라 극복하기 위해 적극적으로 다가갈 필요가 있다.

나는 실패를 뛰어넘고 위기와 맞닥뜨리면서 비로소 진정한 용기와 희망을 알게 되었다. "생선이 소금에 절임을 당하고 얼음에 냉장을 당하는 고통이 없다면 썩는 길밖에 없다"는 정채봉 님의 시는 두고두고 고통을 이기는 법을 가르쳐주었다. 아픈 만큼 성장하는 법이고, 진지한 삶의 과정에서 주어지는 숱한 어려움은 어느 것 하나도 결코 헛되지 않다는 사실을 다시 한 번 깨닫게 해주었다.

남김없이, 아낌없이, 후회없이 불태우라

2000년, 나는 처음으로 보험왕이 되었다. 1등이 되면서 내 사무실은 찾아오는 고객들로 잠시도 숨 돌릴 틈이 없었다. 전화는 불이 났다. 오죽했으면 옆에 있던 동료들이 농담으로 이런 말까지 했다.

"고객들이 예 팀장 사무실로 몽땅 가는 바람에 밖에는 사람이 없어."

한동안은 하루 10명이 넘는 고객을 상담하고 서류를 검토하다 보면 매일 밤 12시는 되어야 퇴근했다.

점심이나 저녁도 제대로 먹을 수가 없었다. 그도 그럴 것이 주요 고객인 사업가들은 오찬이나 만찬 시간은 피해야 했다. 반면에 전문직들은 오히려 점심시간이나 저녁식사 시간에 만나야 했기 때문에 따로 밥을 챙겨 먹을 생각을 할 수가 없었다.

사람들은 위로하는 말로 "보험왕은 식사도 하루에 대여섯 번 하고 최고로 맛있는 것만 먹는 것 아니냐"고 묻기도 하지만 실상은 그 반대다. 1년간을 돌이켜봐도 제때 제대로 먹기보다는 샌드위치 등 간식으로 대신할 때가 더 많다. 어떤 때는 약속을 소화해내다 보면 간식마저도 먹을 수가 없다. 그런 상황이 계속되자 나중에는 미리 도시락을 맞춰뒀다가 이동 중 차 안에서 식사를 해결하기도 했다.

이런 사정을 알고 10년이 넘게 한 달에 한두 번은 집으로 나를 불러 제대로 된 밥상을 챙겨주는 잊지 못할 고객도 있다. 그분이 아니었다면 지금까지 이렇게 건강한 모습으로 버티지 못했을지도 모른다.

그날도 몇 날 며칠씩 식사도 제대로 못하고 물이나 음료수로 때우며 고객을 맞던 바쁜 날이었다. 스태프들이 모두 붙어 쉴 틈 없이 일했는데도 새벽까지 마무리되지 않았다. 전쟁을 치르듯 겨우 일을 마치자 새벽 4시가 가까웠다.

입맛도 사라졌고 입술은 터지고 혓바닥은 갈라져 물을 삼키기가 힘들 정도였다. 연일 쉬지도 못했기 때문에 피로는 쌓일 대로 쌓여 자리에서 일어서자 눈이 침침해지면서 머리가 흔들렸다.

뒤늦게 다음 날 스케줄을 체크하다가 특강 일정을 발견했다. 이날 오전 10시부터 시내에서 제법 멀리 떨어진 한 연수원에서 경비업체 임직원들을 상대로 특강이 잡혀 있었다. 집에 도착해 씻고 나니 새벽 5시가 넘었다. 잠깐이라도 눈을 붙일까 하고 잠자리에 들었지만 잠이 오질 않았다.

잠을 자는 둥 마는 둥 하다가 자리에서 일어났다. 몸이 천근만근 무거웠고 몸살 기운마저 느껴졌다. 도저히 특강을 할 수 없을 것 같았다. 전화해서 못 간다고 할까 하다가 얼굴이라도 보여야 할 것 같다는 생각이 들어 서둘러 연수원으로 향했다.

연수원 강당 대기실에 도착하니 이미 많은 직원들이 강의를 듣기 위해 자리 잡고 앉아 웅성거리고 있었다. 나를 기다리는 많은 직원을 보자 몸이 아파 못하겠다는 말을 차마 할 수가 없었다. 미리 약속한 특강을 못하겠다고 하는 것은 예의가 아닐 뿐 아니라 결국 자기관리가 부실하다고 만천하에 공개하는 것밖에 안 된다는 생각이 들었다. 그 자

리에서 '자기관리가 철저하지 못한 보험왕' 이란 소리를 듣
는 것은 죽기보다 싫은 일이었다.

식은땀이 나는 것을 참으며 두 시간 동안 열강을 했다.
몇 날을 먹지도 자지도 못했고, 그날 아침에도 물 한잔 마
신 것이 전부였다. 그 상태로 강행했으니 나로서는 그야말
로 사력을 다한 것이다. 특강을 마치고 원고를 정리하는 순
간 갑자기 현기증이 나면서 균형을 잃었다. 탁자를 손으로
잡고서야 겨우 서 있을 수 있었다. 나는 직원들의 부축을
받으며 강당에서 빠져나와 차에 올랐다.

눈을 감은 채로 뒷좌석에 비스듬히 기대고 있다가 느
낌이 이상해서 실눈을 떠보니 병원 앞이었다. 나는 반사적
으로 자리를 고쳐 앉으며 기사에게 차를 돌려 사무실로 가
자고 했다. 기사는 걱정스러운 얼굴로 나를 쳐다봤지만 내
가 워낙 단호하게 말해서 어쩔 수 없다는 듯 차를 돌렸다.

이날 아침 강연 장소로 바로 갔기 때문에 사무실에 가
서 일이 어떻게 되고 있는지, 내가 처리해야 할 일은 없는
지 먼저 살펴봐야 한다는 생각이 들었다. 그리고 병원에 가
는 것은 개인적인 일이기 때문에 먼저 회사 일을 보고 나서
시간이 나면 나중에 생각할 문제라고 여겼다. 그렇게 아픈
와중에도 말이다.

그러나 사무실에 도착하자마자 소파 옆에 그대로 쓰러지고 말았다. 갑자기 정신이 몽롱해지면서 '과로사가 이런 것이구나. 사람이 이렇게 죽는구나' 하는 생각이 머리를 스치고 지나갔다. 그리고 내 자신에게 '지금까지 어떤 삶을 살아왔는가?'라고 물었다. '그동안 최선을 다해 살아왔다. 따라서 내 인생에 후회는 없다'라고 대답했다.

또 '죽는 순간 아쉬움이 남는 것이 있다면 무엇인가?'라는 물음에 먼저 사랑스러운 두 아이가 생각났다. '엄마가 없으면 아이들이 슬플 것이다. 두 아이는 어리지만 반듯하게 자라고 있고, 성실한 아빠가 있기 때문에 함께 잘살아갈 수 있을 거야'라는 생각이 연달아 들었다. 필름이 돌아가듯 빠르게 장면이 바뀌면서 남편도 떠올랐다. 비 오는 날이면 우산을 챙기고 집에 돌아올 때는 어김없이 되가져오는 정확한 남편은 내가 없어도 잘살 것 같았다.

아주 짧은 시간이었지만 신기하게도 내 주변의 모든 것이 하나씩 차례로 정리가 되었다. 나 자신과 가족에 대해 정리가 되자 그 순간부터 더없이 편안해지며 바다처럼 넓고 깊은 고요함이 전해지는 듯했다.

누군가가 흔드는 느낌이 들었고 말소리도 들렸다. 낯익은 사무실의 모습이 흐릿하게 눈에 들어왔다. 서서히 정신을 차리고 보니, 지금도 비서로 열심히 일하고 있는 송은정 사원이 눈시울을 붉히며 나를 흔들어 깨우고 있었고, 사무실은 온통 난리가 난 상황이었다. 죽다가 살아난 느낌이 이런 것일까?

2006년, 보험왕을 일곱 번째로 차지할 때의 시상식 자리였다. 그해 나는 '자랑스러운 삼성인상'도 수상하는 영광을 안았고, 회사에서는 이날 그랜드 챔피언상과 함께 특별 공로상까지 주었다. 그리고 시상식 무대에서 직접 인사말을 하도록 했다. 그런데 인사말 도중 갑자기 그날이 떠올랐다. 어쩌면 저세상으로 갔을지도 모를 그날의 아프고 힘든 기억이 되살아나면서 뜨거운 눈물이 흘러내렸다.

이 순간 이 자리에 오기까지 나는 정말 열심히 뛰고 달렸다. 한 끼가 멀다 하고 식사를 거르면서도 1년 365일 중 하루도 아플 틈조차 없이 일했다. 모든 일을 오로지 혼자 감당하고 이겨낸 자신에게 '정말 수고했어'라고 말해주고 싶었다. 이런저런 감정들이 교차하면서 하염없이 눈물이 흘렀다. 속으로만 담아두었던 지난날의 아픔과 외로움이 북받쳐 오르면서 흐르는 눈물을 주체할 수가 없었다.

보다 못한 스태프들이 무대까지 손수건을 갖다주었지만 눈물은 그치지 않았다. 화장도 엉망이 되었다. 갑작스러운 눈물에 식장에 참석한 수상자들도 여기저기서 눈물을 보이기 시작하면서 온통 눈물바다가 됐다. 함께 자리한 CEO도 손수건으로 눈물을 훔치는 장면이 대형 스크린으로 잡히자 모두 한마음이 되었다.

그 이후로 "그날 왜 그렇게 눈물을 흘리셨습니까? 기쁨의 눈물이었지요?" 하고 묻는 사람들이 많았지만 나는 그 이유를 한 번도 말하지 않았다. 회사는 물론 가족이나 나를 아끼는 많은 고객에게 괜한 걱정을 끼치고 싶지 않아서다. 나로 인해 다른 사람들이 편안하고 행복해지길 바랄 뿐이지 걱정하고 불안해하는 것은 결코 바라지 않는다. 그리고 그때의 눈물은 이미 나의 귀중한 자산이 되었다.

누구나 소중한 꿈을 이루기 위해서는 피나는 노력을 해야만 한다. 그 과정에 수많은 난관이 가로놓여 있음은 두말할 나위도 없다. 그것을 이겨내고 극복하는 과정에서 어찌 숱한 눈물이 없겠는가! 눈물의 의미를 아는 사람들은 오늘도 웃고 있을 뿐이다. 숱한 눈물은 가슴속에 묻어두고 말이다.

뒤집으면
성공이 보인다

성패는 이미 준비 단계에서 결정된다...상품을 선전하기 전에 먼저 자신을 선전하라...논쟁에서 이기면 판매는 없다...또렷한 기억보다 흐린 펜이 낫다...거절은 판매의 시작이다...역발상에 큰 길이 있다...변화를 주도하라...위험이 없는 곳에는 얻을 것도 없다

고객은 옳고 그름을 지적당하면 기분 나빠한다. 상황에 따라서는 이성을 잃고 화를 내기도 한다. 일방적인 오해는 물론 억울하지만 어떤 순간에도 이를 극복해야 한다. '논쟁에서 이기면 판매는 없다' 는 말을 잊지 말자.

성패는 이미
준비 단계에서
결정된다

피겨 여왕 김연아 선수의
그림 같은 경기 장면은 가슴이 뭉클해질 만큼 감동적이다.
완벽한 기술을 선보이기 위해 얼음 위에서 얼마나 많은 시
간 자신과 싸워왔을까를 생각하면 눈물겹다. 그런데 재미
있는 이야기를 들었다. 결선을 앞둔 피겨 선수들이 동시에
한 링크에서 최종 연습을 하는 시간이 있는데, 바로 그때
그날의 성적을 점칠 수 있다고 한다. 팽팽한 기싸움이 있기
때문이다. 스스로에게 만족스러울 만큼 연습이 되어 있다

면 자신감이 충만할 테고, 그런 자신감은 당당한 기운으로 나타나 다른 이들을 압도하게 마련이다. 반대로 스스로 부족한 점을 느낄 때는 어딘지 모르게 위축되고, 억지로 당당한 척하려 해도 어쩔 수 없이 그런 마음이 드러나게 된다고 한다.

비즈니스 테이블에서도 비슷한 일이 벌어진다. 계약이나 협상도 본 게임이 시작되기 전에 결과를 점칠 수 있다. 사실은 설득 작업이 이루어지기 전에 이미 결판이 난다고 봐야 한다. 다시 말하면 협상을 포함한 모든 상담이나 계약은 사전 준비가 실제 단계 이상으로 중요하다는 얘기다.

고객을 만나기 전에 고객에 관한 다양한 정보나 여러 가지 반응까지 예견해 완벽하게 준비하는 사람과 고객을 만나보고 반응을 봐가며 대응 방안을 찾는 사람이 있다고 가정해보자. 두 사람이 특정한 고객을 상대로 똑같이 상담한다고 하면 보지 않아도 승부는 이미 판가름 난 것이나 다름없다.

대책 없이 고객을 대하는 사람이 어디 있느냐고 하겠지만 이런 경우는 실제로 많다. 고객에 관한 정보를 미리 다섯 가지 정도 챙겨 가는 사람이 있는가 하면 열 개를 알아서 가는 사람도 있다. 사전 준비에 철저하려면 끝이 없고, 경쟁관계에 있는 사람끼리는 물밑에서 늘 보이지 않는 경쟁을 한다.

이렇게 보면 사실은 시작도 하기 전에 이미 경쟁이 끝난 경우도 많다는 얘기다. "뛰는 사람 위에 나는 사람이 있더라"는 말이 그냥 나온 것이 아니다.

수년 전의 일인데 한 대기업 노동조합으로부터 단체보험 계약에 관해 설명을 요청 받은 적이 있다. 다른 보험회사에도 같은 주문이 들어갔기 때문에 경쟁이 불가피했다. 나는 한 달 전부터 움직였다. 어떻게 상품을 홍보하는 것이 가장 효과적일지, 구체적으로 어떻게 사원들을 설득하고 계약까지 이끌어낼 것인지 그 방안을 연구했다.

나는 전략적으로 브리핑을 하기로 결정하고 준비에 들어갔다. 우선 노동조합을 통해 프레젠테이션 날짜와 시간을 받고 그 사실을 회사와 정문 등에 미리 통보해 제약 없이 활동할 수 있는 여건을 마련했다. 그리고 바로 홍보물 제작에 들어갔다. 홍보물은 단순하면서도 차별화가 이뤄질 수 있도록 회사 관계자의 자문을 구해 만들었다. 팀을 짜서 차분하면서도 조직적으로 부서별로 방문하여 사원들에게 미리 상품을 설명하고 홍보하는 작업에 들어갔다.

홍보는 모든 사원을 직접 접촉하는 것을 목표로 잡고

디데이 전까지 만나지 못하면 서신이라도 전달할 수 있도록 했다. 홍보 이전에는 상품 호감도 조사도 했다. 홍보 효과를 지속적으로 모니터링하면서 긍정적인 반응을 이끌어내도록 계속 설득했다.

매사가 그렇듯이 미리 준비해서 챙기고 성의를 다하면 결국 통하는 법이다. 일부 사원들은 미리 가입 의사를 나타내기도 했다. 그전에도 단체 브리핑 약속이 잡히면 적어도 3명 이상은 계약 의사를 나타낼 수 있도록 사전 접촉을 해왔는데, 이번에도 준비하는 과정에서 이미 계약할 명단을 파악해두었다. 입소문이 좋게 나도록 적극적인 반응을 보이는 사원에게는 특별히 더 상세하게 설명을 덧붙이고 상품 정보도 제공했다.

내가 대부분의 사원들과 교감하고 친숙해졌을 무렵, 상대사가 움직이기 시작했다. 나는 벌써 이긴 것이나 다름없다고 느꼈다. 나보다 준비가 많이 늦었기 때문이다. 드디어 그날, 강당의 분위기는 이미 내 쪽으로 쏠려 예정된 수순대로 진행만 하면 되었다.

당일 가입하겠다고 약속한 사원들의 얼굴도 보였다. 브리핑을 끝내자 여기저기서 가입 의사를 나타냈고, 현장에서 접수도 받았다. 미리 약속됐던 한두 사람이 앞으로 나와서 가입하자 너도나도 줄을 서며 청약서를 작성했던 것이다. 일방적인 승리였다. 어쩌면 당연한 결과이기도 했다.

오늘날과 같은 치열한 경쟁 사회에서 경쟁자 간의 정보력이나 전략은 비슷비슷하다고 봐야 한다. 한쪽의 전력이 일방적으로 뛰어난 경우는 별로 없다. 그러므로 모든 성패는 미세한 차이, 작은 실수와 순간의 방심에 의해 갈리게 된다.

결국 사전 준비를 얼마나 철저히, 완벽하게 하느냐에 따라 성패는 시작도 하기 전에 미리 결정된다. 그렇기 때문에 준비하는 과정에서 그 승부를 점칠 수 있다. 다른 사람은 몰라도 자신만은 스스로의 준비 상황을 냉정하게 알 수 있으니 말이다.

상품을 선전하기 전에
먼저 자신을
선전하라

영국의 수상이었던 처칠은 평소 시가를 즐겨 피웠다고 한다. 그러나 노년이 되어서는 건강 때문에 담배를 끊었다. 그런데도 주머니 속에 항상 반쯤 피우다 만 시가를 넣고 다니다가 카메라만 보이면 꺼내 물었다고 한다. 강인한 정치인의 이미지를 고수하기 위해 '나는 건재하다!' 는 모습을 보여주었던 것이다.

프로는 전문성뿐 아니라 이미지도 갖춰야 한다. 한순간도 지친 모습을 보여서는 안 된다. 신뢰할 수 있는 능력

고객은 언제나 떠날 준비를 한다

과 함께 이미지도 만들어야 한다. 내가 항상 염두에 두는 원칙이다.

공산품과 같이 이미 만들어진 제품을 판매하는 경우에는 고객에게 직접 물건을 보여주며 색상이나 디자인을 비롯해 품질을 비교, 확인시킬 수도 있지만, 보험처럼 보이지 않는 무형의 상품을 판매하는 경우는 그렇게 할 수가 없다. 특히 보험의 경우, 고객은 상품 가치를 대부분 담당자를 통해서 확인하고 판단하게 된다.

결국 판매자가 어떤 사람이며 어떻게 행동하느냐에 따라 고객은 크게 영향을 받는다. 상품을 선전하기에 앞서 자신을 선전하라고 하는 이유가 바로 여기에 있다. 고객에게 자신을 어필하지 않고는 아무 일도 되지 않는다.

고객이 자신에게 호감을 가지지 않는다고 가정해보라. 아무리 열을 내며 설명한들 무슨 성과가 있겠는가? 적어도 판매자는 고객에게 거부감은 주지 않아야 한다. 그러자면 고객으로부터 '저 사람은 사람이 됐다'거나 '대해보니 사람은 괜찮네' 하는 정도의 평가는 받아야 한다.

그런데 이러한 평판은 쉽게 얻을 수 없다. 그 정도로 인정받으려면 자기관리가 철저해야 한다. 자기관리를 해야 할 부분은 여러 가지가 있겠지만 그중에서 가장 기본이 되는 것으로 신뢰를 든다. 신뢰가 쌓이지 않고서는 아무리 고객을 자주 만나도 성과를 내기 힘들다. 아무리 노력해도 어느 수준 이상으로 비즈니스가 진전되지 않는다는 말이다.

또한 자신이 하고 있는 일에 대해 충분한 지식을 갖추어야 한다. 그래서 업무에 대해서라면 누구보다도 훤히 꿰뚫고 있다는 믿음을 줄 수 있어야 한다. 가장 기본적이지만 소홀한 부분이기도 하다. 자신의 일을 정확히 알지 못하면 고객을 만족시킬 수도, 도움을 줄 수도 없으며 곧 판매자의 한계를 고객도 알아차리게 된다. 따라서 업무와 관련해서는 늘 스스로 연구하고 보충하지 않으면 안 된다.

자기관리를 하는 데 중요한 것은 자신의 이미지를 가꾸는 일이다. 자신을 위한 선전은 이미지에서 출발한다. 화려하게 차려입으라는 말이 아니다. 고객에게 자신이 최고로 보일 수 있도록 연출해야 한다는 말이다.

'보험 아줌마'가 아닌 '전문 금융인'의 이미지를 심어주기 위해서는 그것에 걸맞은 이미지가 뒷받침되어야 한다. 아무리 준비를 많이 하더라도 고객에게 비추어지는 첫인상이 '그저 그런 사람'에 불과하다면 차별화를 외쳐봤자 고객이 인정해주기는 어려울 것이다.

반듯한 외모는 자신을 선전하는 데 가장 기본인 동시

에 매우 중요한 사항이다. 특히 구두는 단정함의 상징이다. 그렇기 때문에 구두는 언제나 깨끗하면서도 제 모양을 갖추고 있어야 한다. 사람에 따라 신기 나름이지만 많이 걸을 경우 한 달만 신어도 제 모양을 잃는 경우가 많다.

그래서 나는 구두를 살 때 한꺼번에 서너 켤레를 산다. 구두도 숨을 쉬어야 하기 때문이다. 한 켤레로 계속 신으면 두 달도 못 버티지만, 서너 켤레를 돌려 신으면 몇 달이 지나도 모두 처음처럼 살아 있다.

가방도 금융 세일즈를 하는 사람의 상징이다. 그래서 이 가방, 저 가방 많이도 구입했다. 어떤 가방은 모양이 괜찮은데 무겁고, 어떤 가방은 가볍지만 모양이 잡히지 않았다. 편리성과 기능성이 모두 겸비된 가방을 사기 위해 나는 일주일 내내 가방 집을 찾은 적도 있다. 지금도 추억이 깃든 가방은 버리지 않고 모두 보관하고 있다.

구두와 가방에 이처럼 신경을 썼으니 옷이야 말할 것도 없다. 보험왕이 되기 오래전부터 보험 판매가 잘 이루어지지 않을 때도 적어도 하루에 한두 번은 옷을 갈아입었다. 고객의 상황에 어울리는 옷차림이 필요했기 때문이다. 개업하는 가게라면 화사한 분위기로 축하의 뜻을 전하고, 병문안을 가야 할 자리면 그에 맞는 옷차림을 갖추었다.

고객은 내가 잔칫집을 갔다 왔는지 병문안을 갔다 왔는지 알 길이 없고 알 필요도 없다. 중요한 것은 그 순간에 만나는 고객에게 최선을 다하는 것이다. 불과 몇 분에 지나지 않더라도 고객과의 약속은 바쁜 고객이 나를 위해 일부러 시간을 할애한 것이므로 매우 고마운 일이다. 그러므로 최대한 밝은 이미지와 친절하고 상냥한 모습으로 감사의 마음을 표시하는 것이 상담의 성사 여부를 떠나 고객을 대하는 기본적인 예의라 생각한다.

이러한 노력을 계속하자 고객들은 내게 마음을 활짝 열어주었다. 그제야 나는 고객에게 전문 지식과 경험을 거침없이 쏟아낼 수 있었다. 그리고 고객을 만나기 위해 정성을 다해 준비한 차림새는 어느 순간부터 고객의 신뢰를 이끌어내는 이미지로 귀결되었다.

이렇듯 자기관리는 자신의 능력을 강화하고 상품성을 높이는 지름길이다. 자기관리가 철저한 사람, 그래서 회사 안팎으로 평판이 좋은 사람은 고객을 만나기 전에 이미 절반 이상의 성공을 거둔 셈이다. 상담을 기다리는 고객은 이미 그의 평판을 알고 있고, 그가 설명하는 상품에 대해서는 귀를 기울일 준비가 되어 있기 때문이다.

논쟁에서
이기면 판매는
없다

하루에도 여러 번 나와 의견이 다른 사람을 만나고, 그들과 이야기를 나눈다. 나와 같은 생각을 하는 사람보다 나와 다른 생각을 하는 사람이 많을 수밖에 없다. 이로 인해 예기치 않은 문제가 생기고 논쟁이 벌어질 수도 있다. 가끔 나와 반대되는 생각을 가진 사람이 그의 생각을 강요할 때는 어떻게 해야 할지 당황스럽기도 하다.

고객도 마찬가지다. 고객은 자신의 말에 대해 옳고 그

른 점을 지적하고 반론하면 기분 나빠한다. 상황에 따라서는 이성을 잃고 화를 내기도 한다. 많은 사람들이 고객의 입장이 되면 자신의 생각대로 자유롭게 말해도 괜찮다고 여긴다. 고객은 판매자에 대해 '얘기를 잘 들어야 할 의무도 없고, 상품에 대해서도 제대로 알아야 할 필요가 없다'고 생각하기 때문이다. 그러면서도 상황에 따라서는 "그때 왜 자세하게 말해주지 않았느냐"며 책임을 묻기도 한다.

이 일을 처음 시작했을 때만 해도 보험에 대한 불만이 여러 가지로 아주 많은 상태였다. 이런 고객을 상대로 보험의 진정한 가치를 알리려니 어려움이 참 많았다. 그래서 이유 여하를 막론하고 고객의 불만이 최소화되도록 하는 것을 우선시해야 한다고 생각했고, 고객과 논쟁하는 것은 어떠한 경우에도 도움이 되지 않는다고 판단하여 세심하게 대응했다.

업무와 관련해 고객의 오해나 실수가 분명하더라도 정면으로 대응하지는 않았다. 논쟁을 통해 오해나 실수를 확인하거나 바로잡기보다는 기다리는 쪽을 택했다. 물론 고객과 토론하고 논쟁하게 되면 오해가 풀릴 수도 있지만, 그렇게 되면 고객은 이미 마음이 상한 상태라 더 이상 좋은 관계로 발전시키기가 어렵다. 그런 관계는 악화될 가능성이 높다. 그래서 판매자 입장에서는 고객은 구매권이 있는 동시에 검증 과정이 필요 없는 소문권을 가졌다고 생각하고 스스로 마음을 다스려야 한다.

2, 3년 전쯤의 일이다. 교사 부인이었는데, 남편이 가입했던 7년 만기 상품의 만기 금액이 생각했던 것과 차이가 난다며 전화를 했다. 설명을 했지만 그 부인은 "당신 이야기는 들을 필요도 없다"며 인신공격까지 퍼부었다. 만기가 된 상품은 그 학교 교사 여러 명이 함께 가입했던 상품으로 보험의 내용 또한 명확했던 확정 금리 상품이었다. 서류만 보더라도 확인할 수 있는 부분이었는데 오해가 생긴 모양이었다.

나는 이야기를 다 들은 후에 끝까지 부드러운 말로 차근차근 생각을 전했다.

"잘 들었습니다. 그 당시 다른 선생님들도 같이 가입했던 상품이니까 그분들께 물어보셔도 좋겠고, 제가 찾아뵙고 다시 설명을 드리는 방법도 있습니다. 오늘은 마음이 많이 불편하신 것 같으니 다시 한 번 확인해보시고 전화를 해주시면 어떻겠습니까?"

그러나 교사 부인은 내 말을 듣더니 화를 내며 전화를 끊었다.

나는 '잘못 이해한 건 안타깝지만 그럴 수도 있지'라고 생각하고 그 일로 크게 속상해하지는 않았다. 그런데 몇 달이 지난 후 부인으로부터 다시 연락이 왔다.

"그동안 원망 많이 하셨죠?"

그 부인은 오해가 풀린 순간 바로 연락했어야 했는데 도저히 수화기를 들 수가 없었다며 미안해했다. 그래도 해가 바뀌기 전에 사과해야겠다는 생각에 용기를 내어 전화했다면서 이렇게 말했다.

"내가 그렇게 심한 말을 했는데 어떻게 다 들어주셨어요? 속이 넓어서 계속 1등을 하나 봅니다."

부인은 그때 그분이 맞을까 싶을 정도로 정감 어린 말로 나를 칭찬해주었고, 그 후에는 자녀들의 보험까지도 상담했다.

그때 나는 그 고객에게 "어떻게 그렇게 말할 수 있느냐!"며 목청을 높일 수도 있었고, 억울한 마음에 항의하며 적극적으로 대응할 수도 있었다. 그러나 그렇게 했다면 그 고객을 내 편으로 만들기는 어려웠을 것이다. 그리고 추가 판매도 없었을 것이다. '논쟁에서 이기면 판매는 없다'는 말의 결과였다.

나는 지금도 그 고객에게 감사한다. 대단한 것은 나의

인내심이 아니라 상대의 마음을 위로해준 그 고객의 용기였다고 생각한다. 누구나 실수할 수 있다. 그러나 그것을 스스로 다시 확인하는 것은 어려운 일이다. 나는 매우 기뻤고, 고객을 대하는 내 마음의 자세가 어떠해야 하는지를 다시 한 번 가슴 깊이 새기게 되었다.

일방적인 오해는 물론 억울한 일이다. 그러나 어떠한 순간에도 이를 극복해야 한다. 울며 겨자 먹기 같지만 우선은 억지로라도 참아야 한다. 사람의 감정은 순간이기 때문에 길게 보면 참을 수 없는 일도 없고, 참은 것을 후회할 일도 없다. 따지고 보면 고객의 오해 역시 고의는 아니지 않은가. 이유야 어떠하든 고객의 상한 마음이 나의 따뜻한 마음으로 치유될 수만 있다면 그 또한 보람이다.

세상에는 작은 것이 계기가 되어 예상치 않게 큰 결과를 가져오는 경우가 많다. 고객과의 만남에서도 그렇다. 어느 날 지독하게도 내 마음을 아프게 했던 고객이 100명의 고객을 내게 안내하는 충성 고객이 될 수도 있음을 잊지 말아야 할 것이다.

또렷한
기억보다는
흐린 펜이 낫다

 메모도 습관이다. 메모를
자주 하는 사람은 아무렇지도 않지만 습관이 되어 있지 않
은 사람에게 메모는 참으로 번거로운 일이다. 수첩도 가지
고 다녀야 하고 필기구도 있어야 한다. 또 메모를 자주 하
는 사람은 메모가 쉽고도 자연스럽지만 메모하지 않는 사
람들 중에는 메모하는 모습 자체를 어색하게 여기거나 좋
지 않게 보는 경우도 있다.

결론적으로 말하면 메모를 자주 하는 것이 그렇지 않

은 것보다 훨씬 경쟁력이 있다. 아무리 희미한 펜도 또렷한 기억력보다는 낫기 때문이다.

기억력이 뛰어나도 다른 사람의 부탁이나 주문, 약속이나 행사 등 외워야 할 것이 많아지면 결국은 잊어버리는 경우가 생기게 마련이다. 비서가 있어도 자신이 스스로 챙기고 기억해야 할 것은 따로 있기 때문에 어느 순간에는 결국 놓치게 되는 법이다.

중요한 비즈니스를 하면서 기억의 한계를 인정하지 않는 사람은 참으로 간 큰 사람이다. 비즈니스에서는 한 번의 실수로 10년 공들인 탑이 무너질 수도 있다. 실수가 용납되지 않는 것이 비즈니스 현장 아닌가. 어렵게 만든 중요한 고객과의 약속을 잊었다고 생각해보라. 아니면 또 다른 중요한 약속과 겹쳤다고 상상해보라. 후회해봐야 소용이 없다. 시간은 기다려주지 않고 변명은 통하지 않는다.

그래서 나는 고객과 만나고 나면 장소는 물론 고객과의 만남에서 특징적인 것을 습관적으로 메모한다. 고객에 관한 주요 정보뿐 아니라 고객에게 받은 명함도 명함록에 정리하여 보관한다. 그래야 다시 그 명함을 찾지 않고도 다음에 만났을 때 고객과의 대화를 풍성하게 이어갈 수 있고 한 차원 더 업그레이드된 대화로 연결시킬 수 있기 때문이다. 모든 것을 기억에 맡겨두는 것은 매우 위험한 일이다. 상대방을 존중한다는 의미에서도 그렇고 자신을 위해서도 메모는 반드시 필요하다.

메모에 관해 특별한 기억이 있다. 10여 년 전이었다. 평소에 꼭 만나서 상담했으면 하는 고객이 있었는데 어렵게 만나게 되었다. 그는 당시 개인 사정 등을 이야기하면서 내게 이렇게 말했다.

"지금은 경황이 없고 1년 뒤에는 형편이 괜찮을 것 같으니 그때 다시 꼭 만납시다."

그의 말은 진지했다. 나는 그가 보는 앞에서 메모하고는 이런저런 얘기를 하다가 헤어졌다.

1년 뒤 나는 다시 그를 만날 수 있었다. 정확히는 1년에서 한 달쯤 못 되었을 때였다. 수첩을 넘기다가 그와의 약속을 발견하고는 그의 근황이 궁금하기도 하고 메모해둔 것도 있고 해서 그 자리에서 연락했던 것이다. 그의 사업은 1년 사이에 부쩍 성장해 있었다. 그가 유쾌하게 웃으며 나를 반겼다.

"예 팀장! 벌써 1년이 됐어요? 그렇잖아도 궁금했는데 한번 봅시다."

메모 덕분에 우리는 1년 만에 다시 만났다. 메모가 없었다면 지나칠 뻔했던 재회였다.

이렇듯 메모는 어떤 형태로든 유익하다. 망각에 대한 불안을 없애주는 것은 물론 실수할 가능성도 없다. 무엇보다도 기억은 시간이 갈수록 사라지지만 메모는 그렇지 않다. 메모는 갈수록 쌓이고 축적되면서 어느 순간 보물창고로 변하기도 한다. 훌륭한 분들의 전기나 주옥같은 저서 역시 축적된 메모에서 비롯된 것이며, 탁월한 조직이나 집단이 시행착오를 최소화하는 것도 따지고 보면 쌓아둔 메모와 기록 때문이다.

메모의 가치는 또 있다. '메모하는 모습' 자체가 상대방에게는 진지하게 보여서 신뢰감도 갖게 한다는 사실이다. 우리 회사에도 특히 메모를 잘하는 관리자가 있었다. 대화를 시작하기 전에 그의 손에는 늘 수첩이 준비되어 있다. 어쩔 수 없이 그만 보면 신뢰가 갔다.

그는 틈나는 대로 메모하는 덕분에 지금까지 크고 작은 약속을 잊거나 실행하지 못한 경우가 없었다. 그의 메모 덕분에 동료들이 깜빡하고 지나칠 뻔했던 것까지 놓치지 않고 챙긴 적도 부지기수다. 오랜 시간 같이 근무했지만 그에 대한 신뢰는 시간이 갈수록 높아졌다. 주변으로부터 남다르게 인정받는 것도 결국 메모의 힘이라고 생각한다.

메모하며 의견을 듣는 사람과 듣기만 하는 사람이 있다면 두 사람은 이미지나 시각적인 면에서부터 큰 차이가 난다. 메모하는 사람이 훨씬 성실해 보이고 정확성도 높아 보이는 것은 두말할 필요도 없다.

메모가 상대방에게는 믿음과 신뢰를 주고 스스로에게는 작은 실수도 막아준다고 한다면 이만큼 유용한 것도 없다. 메모를 안 할 이유가 없는 것이다. 메모하는 것을 어색하게 생각하거나 탐탁지 않게 여긴다면 이미 경쟁에서 그만큼 뒤처지고 있다는 사실을 알아야 한다. 메모하지 않는 사람은 오래 기억하기 위해 말이 많지만, 메모하는 사람들은 많은 말이 필요 없다.

거절은
판매의
시작이다

영업 현장에서 '거절'은 다반사로 일어난다. 믿고 찾아간 고객이 얼굴을 보자마자 바로 고개를 가로젓기도 하고, 얘기가 끝나 다음 날 약속 일정까지 잡았던 고객이 시간에 임박해 미안하다는 말 한마디로 한순간에 약속을 깨기도 한다. 거절이 없으면 영업 현장은 평화 그 자체일 텐데 말이다. 그러나 세상 어디에도 그런 시장은 없다. 이처럼 늘상 일어나는 거절을 어떻게 받아들일 것인가?

거절은 흔히 실패나 끝이라고 받아들여지기도 하지만 진정한 의미는 그것이 아니다. 오히려 극복의 대상이며 출발점이 되기도 한다. 거절은 다시 시도할 수 있는 기회를 주고, 재도전하면 얼마든지 상황이 달라질 수 있기 때문이다. 그렇게 보면 거절은 오히려 설득 과정의 일부라는 편이 정확한 것인지도 모른다. 그러나 거절을 받아들이는 것은 결코 쉽지 않은 일이다.

돌이켜보면 입사하고 1년쯤 될 때까지 나 또한 고객들로부터 무수히 거절당하며 시행착오를 겪었고, 그것 때문에 패배감과 좌절감을 느끼기도 했다. 결국 극복해내긴 했지만 외로워하며 혼자 속으로 많이 울었다. 오죽했으면 그때 쓴 시구가 지금도 토씨 하나 빠짐없이 떠오르며 머릿속에서 떠나지 않을까.

고객님, 당신은 내게 신이십니다

당신은 어디 있나요?
내가 너무 급한가요?
나를 압박하는 이 일이 과연 내가 해낼 수는 있는 일인가요?
어디에 숨어 계신가요?

두 발 내려놓을 곳 없어 울고 있는 내게

망망한 절벽 끝에 선 외로움은 사치입니까?

당신은 어떻게 생겼나요?

외로운 영혼에게 위로가 되어 줄

당신이 정말 있기는 한가요?

매일 절벽 끝에 서 있다는 느낌도 많이 들었다. 그러나 누구에게도 힘들다는 이야기를 하지 못했고 애써 눈물을 감췄다. 가족에게 이야기하면 그렇지 않아도 반대하던 터라 그만두라고 할 것이고 친구들도 하나같이 그만두기를 바랐기 때문에 어느 누구에게도 어려움을 하소연할 수 없었다. 오직 스스로 극복하고 답을 찾아야만 했다.

마음 둘 곳이 없을 때는 서점으로 갔다. 숱한 어려움과 외로움을 어떻게 극복하면 되는지 책에 물었다. 책은 요술방망이처럼 무슨 고민이든 들어주고 위로도 해주었다. 그리고 크고 작은 비밀도 잘 지켜주고 혜안까지 주었다. 시련과 고독은 새로운 영감을 주기도 하는 것일까?

'내가 좋아서 택한 길인데 내가 해결해야지. 내가 이러고 있으면 안 되지. 행복하게 일하는 모습을 주변 사람들에게 보여줘야 해' 라는 생각이 밀려오면서 다시 열정의 채

찍으로 나를 일으켜 세웠다. 그렇게 스스로를 담금질해가며 하늘이 무너질 것만 같이 느껴졌던 좌절도 어느 순간 담담하게 받아들일 수 있었다.

이 무렵 나는 우리 회사와는 별 거래가 없지만 타 회사에 매월 몇 십만 원씩 보험료를 내는 제조업 사장과 상담을 해왔는데, 고객이 뚜렷한 이유 없이 계약을 미루고 있어 애를 먹고 있었다. 바쁜 사람에게 말로 설명하는 데는 한계가 있을 것 같아 다른 방법을 찾아야겠다는 생각으로 사장에게 장문의 편지를 써 보냈다. 일주일쯤 지나 그를 다시 찾아가 편지를 봤는지 조심스럽게 물었더니 "무슨 편지요?"라면서 책상 한 켠에 수북이 쌓인 우편물 더미를 아무렇지 않게 뒤적였다.

밤을 새우며 온갖 정성을 다해 쓴 편지가 개봉도 되지 않은 채 버려진 듯한 온갖 서류와 우편물에 뒤섞여 잠자고 있었다. 말할 수 없는 감정이 가슴 한쪽을 저몄다. 그러나 '이분에게 내 편지가 중요할 리가 없지. 이분 잘못이 아니야.'라고 생각하며 서운함을 거두고 다시 대화를 이어갔다.

"시간이 날 때 편지를 꼭 한번 읽어주세요."

나는 아쉽게 회사 문을 나서며 그렇게 부탁했다. 편지를 읽기만 하면 그의 생각이 바뀔 거라는 느낌이 들었다.

고객은 언제나 떠날 준비를 한다

결국 진심은 통했다. 상황은 완전히 달라졌다. 그가 내 편지를 읽은 후 나의 제안을 받아들인 것이다. 인터뷰를 몇 번 더 한 뒤에 그는 평균 연금 보험료가 4~6만 원이던 당시에 월 보험료 50만 원 정도의 연금보험에 흔쾌히 가입했다. 거절은 끝이 아니라 판매의 시작일 뿐이라는 생각이 확신으로 다가오는 순간이었다. 마음의 문이 열리자 보험 가입은 두 번째, 세 번째로 계속 이어졌고 소개도 줄을 이었다.

뒷날 마음을 바꾸게 된 이유를 물었다. 그는 내게 보험 상품을 권유받은 것이 아니라 자신에게 이익이 될 수 있는 정보를 받았다고 생각했다는 것이다. 또 정성을 다하는 나의 진정성을 특별하게 받아들였고 재정 설계사로서의 전문성과 자신감에 찬 열정을 높이 산 때문이라고 했다.

거절을 끝으로 보지 않고 시작으로 본 데서 얻은 소중한 결실이었다. 좌절하고 속상해하면서 포기했더라면 그와의 관계는 끝이 났을 테고 아무것도 얻지 못했을 것이다. 나는 당시 '판매와 거절 사이의 상관관계에 분명히 내가 찾는 뭔가가 있다'고 생각하고 있었다.

그랬다. 누군가에게 거절당하지 않으려면 처음부터 시도하지 않으면 된다. 그러면 당장은 마음이 편할지 모르지만 새로운 시장 개척이나 판매는 없다. 영업에서 그보다 나쁜 것은 없다. 영업을 포기하거나 부정하는 것에 다름없기 때문이다.

어느 날부터 내게 있어서 거절은 이미 판매를 시작했다는 증거가 되었다. 또한 누군가 거절하면 '내가 이 사람을 대상으로 이미 판매를 시작했구나' 하는 생각을 더 확실히 하게 되었다. 거절에 대한 두려움이 완전히 없어지자 그때부터 성공의 가능성은 훨씬 더 크게 보였다. 또 하나의 문이 활짝 열린 것이다.

역발상에
큰 길이
있다

나의 역발상은 새로운 시장을 찾기 위한 전략에서 비롯되었다. 1년간의 트레이닝이 끝나고 수금 방법을 개선한 뒤로 상대할 고객의 유형을 새롭게 고민하게 되었다. 기존의 방식은 한계가 있었다. 암보험에 가입한 고객의 소개를 받아 찾아가면 새로운 고객이 똑같은 보험에 들기 위해 미리 돈까지 준비하고 기다리고 있을 정도였다. 그런 식이었기 때문에 나로서는 큰 보람이 없었다.

당시 나는 획기적인 프로그램을 마련해놓고 있었다. VIP를 대상으로 한 콘셉트였기 때문에 그들과 어떻게 접촉하느냐가 문제였다. 차라리 보험은 싫다고 하는 여유 있는 사람을 대상으로 승부해보고 싶었다. 기존 고객 중 50명 정도를 소개자로 선정해 본격적인 소개 마케팅에 들어갔다. 그리고 날을 정해 차례로 한두 명씩 찾아가 주변인 가운데 여유는 있지만 보험을 아주 싫어하는 사람을 소개해달라고 부탁했다.

보험을 싫어하는 사람을 찾아 나선 걸 보고 엉뚱하다는 시선과 함께 괜한 헛수고를 하는 것은 아니냐며 만류하는 사람도 많았다. 그러나 보험의 가치를 설명할 수 있는 기회를 꼭 가졌으면 한다는 나의 적극적인 요청을 그들은 끝내 거절하지 못했다.

"선생님, 주변에 여유는 있어도 보험은 정말 싫다는 분 안 계세요?"

"예? 주변의 모든 사람들이 다 그런데요. 제 주변에는 보험 다 싫어합니다. 그렇기 때문에 그분들 소개시켜줘봐야 소용이 없습니다."

"네, 보험 판매도 중요하지만 보험에 대해 오해하는 분에게 보험의 가치를 제대로 알리는 것도 굉장히 중요한 일이에요. 그렇기 때문에 보험에 들고 안 들고 하는 것은 크게 중요하지 않습니다."

"아, 그래요? 정 그렇다면 면담만이라도……."

처음부터 썩 내켜하지는 않았지만 주변 사람을 한둘씩 소개해주었다.

나는 이렇게 해서 최종적으로 '보험을 싫어하는' VIP 고객 50명을 소개 받아 이들 가운데 5명, 그러니까 10퍼센트를 고객으로 확보한다는 목표를 설정했다. 이들은 주변에 절대적인 영향을 미칠 사람이므로 이들을 구심점으로 고객을 적극적으로 확장해간다는 계획이었다.

지금도 그렇지만 그때도 나는 보험을 가장 훌륭한 제도로 높이 평가하고 있었다. 그래서 보험에 대한 인식이 없는 사람들에게 보험을 설명할 때면 두 눈이 반짝반짝 빛났고 없던 힘도 솟아나곤 했다. 보험의 가치를 모르는 사람이 나를 통해 새롭게 가치를 인식한다면 얼마나 큰 보람인가 하는 마음은 그 누구도 따라올 수 없었다.

그러나 저항과 걸림돌도 많았다. 보험이 새로운 기회가 되고 재테크 수단이 된다는 내 말을 믿을 수 없다는 지적도 있었다. 하루는 내가 어느 고객의 자산 관리를 꼼꼼하게 설계한 것을 보고 그의 담당 세무사가 말도 안 된다고 평가했다는 것이다. 그 고객의 말을 빌리면 세무사는 "예영숙은 황당한 말을 하고 있다. 그 말이 진실이라면 그 보험에 안 들 사람이 없을 것이다"라고 했다는 것이다.

그 말을 전해 들은 나는 "아! 이제 되겠다! 바로 이거다!"라고 소리쳤다. 내가 설계한 프로그램은 한 치의 거짓도 없는 명확한 사실이었기 때문이다.

달리 보면 그만큼 보험에 대한 인식이 부족하고 이해가 넓지 않았던 것이다. 그래서 사람들에게 보험의 진정한 가치와 이익을 제대로 설명하기만 해도 큰 성과를 거둘 수 있겠다는 생각이 들었다. 물론 설명을 잘 들으려 하지 않는 사람도 있고 건성으로 듣는 이들도 있었지만, 보험은 말도 꺼내지 말라고 손사래를 치던 사람들이 하나 둘씩 보험에 관심을 갖는 것을 보고 이게 꿈인가 생시인가 싶었다.

'예상대로 많은 사람들이 보험을 너무나 모르고 있구나. 보험을 싫어하는 것도 결국 오해했거나 잘못 알았기 때문이구나' 하는 생각이 들었다. 또 '보험 시장은 아직 미개척 분야가 너무 많구나' 라고 생각하니 힘이 솟았다. 시장은 무궁무진했다. 이 무렵 나의 열정과 자신감은 또 다른 날개를 달았다.

이때부터 보험 가치를 전하는 나의 진지함과 순수함은

고객들에게 의외로 쉽게 통했다. 어느 날 보험을 싫어하기로 소문난 기업체 사장 한 분이 전화를 했다. 설명을 듣고 나서 보험을 들 것인지 생각해보겠다는 말이었다. 까다롭기로 소문난 사람이 스스로 전화해서 보험 가입을 자청하고 나섰으니 어리둥절할 뿐이었다. 보험은 형편이 어려운 사람들이나 드는 것이라며, 처음에 찾아가 설명할 때만 해도 귀찮다는 얼굴로 반쯤 돌아앉은 채로 시선도 주지 않던 그였다.

봄 햇살이 그때처럼 아름답고 따스하게 느껴진 때도 없었다. 지나가는 거리의 차도 사람도 모두 정겹게 느껴졌다. 한 번도 보험에 가입해본 적이 없었던 그 기업인이 보험에 가입한 것은 시작에 불과했다. 그가 소개시켜준 기업인들은 내가 찾아가기도 전에 줄줄이 상담을 요청했다.

그들은 또 다른 지인을 소개했다. 입소문은 참으로 빨랐고 위력적이었다. 경제적으로 여유 있는 그들은 비슷한 부류들을 계속해서 소개했고, 나의 새로운 마케팅은 핵분열이 일어나듯 기하급수적으로 늘어갔다. 여유는 있으면서 보험을 싫어하는 사람을 찾아 나서겠다는 역발상은 적중했고 나의 보험 역사는 그때부터 새롭게 시작되었다.

변화를
주도하라

역사적으로도 변화하지 않고 살아남은 것은 별로 없다. 이 순간에도 변화의 흐름에 적응한 존재는 살아남지만 그렇지 못한 경우 소리 없이 사라지고 있다. 그러나 막상 변화가 자신의 문제로 돌아오면 언제나 두렵고 힘든 법이다.

이유는 무엇일까? 지금의 안락함과 편안함을 버리고 새로운 환경으로 나아가는 것이 두렵고, 설사 나아갔다 하더라도 그곳에 익숙해지는 것이 귀찮고 힘들기 때문이다.

나는 변화의 거대한 물결 앞에서 늘 생존을 위해 달렸다. 어려운 보험 환경을 만났을 때부터 남보다 앞서 끊임없이 변화를 시도하지 않으면 안 되었다. 그 후로도 변화는 급변하는 시장에서 주도권을 확보하기 위해 항상 꿈꾸던 첫 번째 화두였다.

1997년 IMF 체제는 나에게 던져진 최대의 위기였고, 변화의 필요성을 절감했던 시기였다. 특히 외자계 보험 회사가 진출하면서 종신보험 시장이 본격적으로 열린 시기이기도 했다. 그전까지는 '죽으면 보험금을 준다'는 것이 정서에 맞지 않다는 이유로 종신보험 상품이 그다지 활성화되지 않았다.

따라서 암보험, 재해보험을 제외하면 생존보험 또는 생사혼합보험 정도만이 강조되던 시기였다. 그런 상황에서 외자계 보험회사가 기존의 보험 가입자를 대상으로 일반 사망을 보장하는 종신보험을 전격적으로 판촉하기 시작한 것이다. 적은 보험료로 암이나 재해에 대한 보험을 준비한 고객에게 "당신이 자다가 죽으면 얼마가 나오는지 아세요?"라는 식으로 집요하고 적극적으로 다가갔다.

당시 외자계의 시장 확대 전략에 대해 개인적으로는 여러 가지 아쉬운 점이 있었다. 어쨌든 보험 시장은 종신보험 쪽으로 급격하게 옮겨가고 있었다. 결국 내가 몸담고 있는 회사에서도 '종신보험 상품'을 주력 상품으로 선언하기에 이르렀다.

나에게는 그때가 가장 어려웠던 시기로 떠오른다. 고객이 보험에 대해 무관심했던 시절에는 보험을 제대로 알리겠다는 사명감으로 뛸 수 있었지만 '죽으면 보험금을 준다'는 종신보험은 말조차 꺼낼 수가 없었다. 나 자신도 받아들이기가 어려운데 어떻게 다른 사람들을 설득할 수 있겠는가 생각하니 하늘이 무너지는 느낌이었다.

그렇다고 포기할 수도 없고 또다시 벼랑 끝에 몰린 느낌이었다. 말 그대로 절망의 나날이었다. 그러나 살아남기 위해서는 스스로 변화하는 수밖에 없었다. 결국 변화를 통해 새로운 도전에 나섰다. 먼저 종신보험 상품에 대해 이해할 필요가 있었다.

당시 사원들을 대상으로 하던 특별 교육을 아침저녁으로 반복해서 들었다. 같은 내용의 교육이라도 아침에 들을 때와 저녁에 들을 때는 느낌이 달랐고, 어느 순간 가슴도 뜨거워졌다.

어떻게 보면 열심히 교육을 받으려고 한 의지만으로도 절반의 성공이었던 셈이다. 내가 노력하고 있다는 의지를 뇌에 심어주기 위한 마인드 컨트롤도 포함되어 있었기 때문이다. 그때까지도 나는 어떤 상품이든 내가 먼저 인식하지 않고서는 팔 수 없었기 때문에 종신보험의 필요성과 전쟁을 선포한 것이나 다름없었다.

어느 정도 무장이 되었다 싶을 때였다. 가장 먼저 대한민국 평균 수준의 보수 성향을 지닌 남편에게 종신보험에 대해 설명했다. 끝까지 진지하게 들어주긴 했지만 "죽어서 혜택을 보는 것보다 살아서 돈을 돌려받는 상품이 더 좋겠다"며 종신보험을 거절했다. 실망감이 몰려왔지만 포기할 수는 없었다. 그렇게 몇 번을 반복하던 중, 어느 날 퇴근한 남편이 오히려 종신보험에 대해 물었다.

"지난번에 얘기했던 그 보험, 다시 한 번 설명해봐. 당신 말대로라면 보험금을 그렇게 주고도 회사가 과연 유지될 수 있을까?"

남편은 머리를 갸우뚱하며 이런저런 계산을 해보는 듯하다가 아무런 대비책 없이 갑자기 사망 사고를 당한 직원 이야기를 꺼냈다.

"이번에 사망한 우리 회사 직원이 그 보험에 가입돼 있었다면 더 이상 보험료를 내지 않고도 이미 약속된 보험금을 일시불로 받을 수 있는 거야?"

"그거야 당연하죠. 사망하면 준다는 게 종신보험이잖아요."

나는 남편의 말에 대답하면서 '지금 이 순간 또다시 작은 기적이 일어나고 있다'고 느꼈다. 40대의 보편적인 정서를 가진 남편이 보험료와 지급액을 따져본 뒤 오히려 보험 회사를 걱정하고 가장이 부재 시 남은 가족에 대한 대비책으로 종신보험을 연상하고 있지 않은가.

그렇다! 종신보험을 말하면서 '사망'에 초점이 모이면 처음 듣는 고객은 거부감을 가질 수도 있지만 '가족 사랑'으로 다가가면 오히려 따뜻함을 느낄 수도 있겠다는 생각이 들었다. 나는 "보험 회사 걱정을 왜 당신이 해요? 당신은 가족 걱정을 해야지"라고 말하면서 남편부터 가입시켰고, 그때부터 다시 불이 붙었다. 한 달 만에 10억 원으로 설계된 종신보험을 30여 건이나 체결했으니 종신보험 시장은 나를 위해 차려진 진수성찬 같았다.

변화가 가져다주는 과실은 상상 이상이었다. 되돌아보면 변화의 적은 역시 편안함과 과거를 떨쳐버리지 못하는 미련이라고 해야겠다. 흔히 사람들이 하는 말 중에 "그때 내가 그것을 했어야 했는데"라고 하는 것이 여기에 속한다. 아니면 "당시 그렇게 생각했는데 당신이 말려서 포기했더

랬지" 하는 식으로 남 탓을 하는 것도 마찬가지다. 지나간 것을 후회하면 시간 낭비일 뿐이다.

성공적인 삶을 살아가기 위해서는 지나간 것, 과거의 것에 시간을 쓰기보다는 현재와 미래의 것에 비중을 두어야 한다. 인생에서 나를 바로 세우기 위해 고민하고 실행할 시간은 그리 많지 않다. 그러므로 생각한 바로 그 시점에 편안함과 미련을 버리고 새로운 길로 과감히 걸어가야 한다. 시간이 지나면 기회도 사라지기 때문이다.

위험이
없는 곳에는
얻을 것도 없다

삶도 그렇지만 치열한 비즈니스나 영업 현장을 다른 말로 하면 위험과의 결투장이라고도 하겠다. 시시각각으로 몰려오는 위험을 어떻게 감당해내고 앞으로 나아가느냐 하는 것이 비즈니스이며 영업이기도 하다. 어떤 이들은 위험을 감수하며 과감하게 레이스를 펼치기도 하고, 어떤 이는 위험이 없는 안전한 길만 골라서 가기도 한다.

대다수는 안전한 길을 선택하지만 모든 사람들이 위험

고객은 언제나 떠날 준비를 한다

하지 않은 길로 가는 것은 아니다. 사람에 따라서는 위험이 도사리고 있지만 그만큼 얻을 것이 많은 길을 찾아가기도 한다. 그 길은 두렵기도 하고 외롭기도 하지만, 그 성취는 몇 배가 된다.

나는 남들이 가지 않는 길을 찾기 위해 누구보다 열정을 쏟았다. 남들이 보기에는 엉뚱하고 하찮게 보였을지 모르지만 밤마다 새로운 길, 나만의 길을 위해 소중한 꿈을 꾸었다. 그래서 어느 인터뷰에서 나의 성공은 목표가 아니라 꿈과 희망이 만들어낸 결과라고 말한 적도 있다.

꿈을 통해 태어난 구체적인 실행 방안들은 날이 밝으면 현실에 적용되었고, 그것이 시행착오를 거듭하며 결국은 현실이 되었을 때 나는 기쁨으로 온몸을 떨었다.

"이 세상에서 나보다 보험을 사랑하는 사람은 없을 것"이라고 노래 불렀을 만큼 누구보다 이 일을 사랑한 것도 소중한 나만의 길이었다. '여유는 있으면서도 보험은 싫다고 하는 사람'을 찾아 집중적으로 보험 판매에 나선 것도 너무나 외로운 길이었고 누구도 가지 않는 길이었다.

대부분이 소액 보험에 매달리고 있을 때 크게 주목받지 않던 저축성 보험이 시장 경쟁력이 있다고 본 것도 그때는 참으로 좁은 길이었다. '콘셉트 마케팅'을 통해 종신보험과 연금보험을 묶어 판매하며 '대박'을 터뜨릴 수 있었던 것도 남들이 시도하지 않는 길, 위험이 도사리는 길을 마다하지 않았기 때문이라고 생각한다. 결과적으로 그곳은 환상의 푸른 바다였다.

기업도 마찬가지다. 요즘처럼 어려운 상황에서도 미래 시장에 대비해 연구하면서 불황 이후를 내다보는 기업이 있는가 하면, 몸을 움츠리고 관망하기만 하는 기업도 있다. 그러나 불황을 어렵게 견뎌내고 다시 일어나 새로이 시장을 장악하는 기업을 보면 공통적인 특징이 있다. 불황일 때 가만히 있지 않고 타이밍을 잡아 투자를 계속하며 불황 이후의 시장에 대비해온 점이다.

그렇다. 불황일 때 어렵다고 가만히 있으면 불황이 끝난 후에도 얻을 것이 없다. 불황 이후 다가올 시장을 주도하려면 불황일 때도 새로운 투자처를 모색하는 등 끊임없이 움직여야 한다. 어렵다고 주저앉는 것은 거친 파도가 두렵다고 배를 항구에 묶어두는 것과 같다. 배를 항구에만 두면 안전하지만 배는 항해하기 위한 것이다.

저마다 가는 길에 최선을 다하면 극복할 수 있을 정도의 위험은 반드시 있어야 한다고 생각한다. 최선을 다하지 않아도 극복할 만한 위험을 선택하는 것은 안일함이고, 최선을 다해도 극복할 수 없는 위험도 감수하겠다고 나서는 것은 만용이다.

따라서 각자에게 주어지는 위험이나 난관은 피하고 볼 것이 아니라 맞닥뜨려 극복해야 할 것이다. 그리고 더 큰 성공을 위해서는 더 큰 위험과 난관을 극복할 각오가 되어 있어야 하고 그 길로 과감하게 나아갈 수 있어야 한다. 돌아오는 것은 결국 위험만큼의 성공이다.

산 오징어는 배로 운반하는 과정에서 잘 죽는다고 한다. 그러나 천적인 게를 몇 마리 넣으면 죽는 법이 없다고들 한다. 이렇듯 위험이 있어야 긴장도 하고 최선도 다하는 것이다. 선택은 각자의 자유다. 문제는 다 함께 가는 길은 안전하지만 얻을 것이 그만큼 적다는 사실이다. 확인된 비즈니스에는 먹을 것이 없다고 했던가.

돌아가도
바른 길을 택하라

정도가 왕도다...선택은 명쾌해야 한다...문화는 내가 만든다...비판에
도 기술이 있다...언짢은 감정은 내일 표현해도 늦지 않다...진실하면
유창하지 않아도 통한다...경청은 힘이 세다...커뮤니케이션의 만능
키는 따뜻함이다...배려는 예기치 않은 선물을 갖고 돌아온다

정 도 영업은 때론 답답하고 더디다. 편법이
나 원칙에 어긋하는 영업은 그 순간에는
편리해 보여도 바로 탈이 난다. 마지막에 살아
남는 자는 원칙을 지킨 사람들이다. 달콤함 속
에 숨은 함정을 경계하지 않으면 안 된다.

정도가
왕도다

안전한 상태를 지킨다는 의미로 '보험 들어놨다'는 표현을 쓴다. 차를 사서 운전하게 되면 자동차보험은 필수적으로 든다. 그러나 유독 생명보험에 대해서는 거부감을 가지는 경향이 있다.

그래서 나는 보험에 대한 사람들의 왜곡된 인식을 바꾸는 것을 목표로 삼았다. 먼저 사람들이 생명보험을 부정적으로 보는 원인을 찾았다. 사람들이 보험을 잘 모르는 것이 가장 큰 원인이었지만 일부 설계사들이 과장되게 설명한다는 오해도 또다른 원인이었다. 그것에 착안해서 시간이 걸리더라도 우선 보험을 정직하게 설명하고 전달하는 데 중점을 두어 방향을 잡아나갔다.

무슨 일이든 기본에 충실해야 한다. 정도 영업도 결국 기본에 충실하자는 말이다. 기본에 충실하면 흔들림이 없고, 탈이나 불신도 있을 수 없다. 상품 판매의 기본은 더도 말고 덜도 말고 상품을 본질에 맞게 정확히 파는 것이다.

특히 생각이 다양한 수많은 고객을 대상으로 하는 보험 상품은 어떠한 경우에도 상품의 본질에 맞게 판매해야 한다. 지난날 보험에 대한 불신이 크게 확산되었던 것도 결국은 상품을 본질에 맞지 않게 판매했기 때문이다. 다르게 말하면 정도에서 어긋났기 때문이다.

예를 들어 종신보험의 본질은 사망보험이다. 사망해야 보험금이 지급되는 것이다. 그리고 연금보험은 생존보험이다. 따라서 생존해 있을 때까지만 연금이 지급되고 사망하면 끝이다. 생사혼합보험도 있다. 생존 시에도 보험금이 지급되고 사망 시에도 지급되는 상품이다. 예전의 교육보험이 대표적이다.

그런데 보험을 불신하게 된 가장 큰 원인이 바로 교육보험에서 비롯되었다면 믿을 수 있는가? 지금은 대부분의 회사에서 다른 형태의 상품으로 판매하지만, 내가 보험을 시작할 때인 1990년대 초반만 해도 교육보험에 관심이 많았다. 이때 설계사들이 생사혼합보험인 교육보험을 판매하면서 대부분 상품을 본질에 맞게 판매하지 않았다.

당시 현장에서는 교육보험의 핵심이라고 할 수 있는 부분, 즉 '가장이 사망했을 때도 보험금이 지급되기 때문에 자녀가 어떠한 경우에도 교육을 보장 받을 수 있다'는 부분에 초점을 맞춰 설명했어야 하는데, 그렇지 않았다. 오히려 교육보험의 특성상 비교적 설명하기 쉬운 미래 자녀의 교육 자금 마련에만 비중을 두고 상품을 설명했던 것이다.

이것이 문제였다. 교육보험은 부모의 사망 시 받는 혜택을 충분히 설명해야 상품의 본질에 부합하는데 그것을 간과했던 것이다. 여기서 이해의 차이가 생겼다. 그러다 보니 결국 일정 기간이 지나 타는 생존 시 보험금 수령액이 단순 저축과 비교해 차이가 나는 것을 보험 가입자들이 제대로 납득하지 못했다.

학자금 등의 명목으로 부모 생존 시 받는 보험금 수령액이 단순 저축보다 적은 것은 보험료의 일부분이 위험 보험료로 편입되기 때문이다. 너무나 당연한 것인데도 보험사가 거짓말을 한 것처럼 된 것이다. 결국 이런 이유 때문에 '보험은 사기'라는 식의 반발을 불러일으켰고, 점차 보험 전반을 불신하게 되었다고 할 수 있다.

물론 일방적으로 보험 회사를 원망하는 고객들도 문제가 없는 것은 아니지만 담당 사원이 제대로 설명을 해주지 못했다면 그 사원을 철저하게 교육시키지 못한 보험사 관리자의 잘못도 크다. 원망하는 고객을 탓하기 전에 상품을 본질에 맞게 판매했다면 불신은 있을 수 없기 때문이다. 모든 것이 기본에 충실하지 않은 탓이며 정도 영업을 하지 않은 탓이다.

한번은 일괄적으로 가입하는 개인연금을 유치하기 위해 몇 개의 보험사와 은행 등이 치열하게 경쟁을 펼친 적이 있다. 500여 명의 직원들을 대상으로 사흘간 프레젠테이션을 해야 했기 때문에 한 치도 양보할 수 없는 전면전이 펼쳐졌다. 강당에 회사별로 준비된 부스에서 내가 회사 대표로 브리핑을 하게 되었다. 홍일점이었다. 나는 짧은 시간에 많은 고객과 상담하기 위해 연령별로 상세히 설계한 파일을 만들어 코팅까지 해서 진열하는 등 다양한 전략을 세우고 남보다 앞선 움직임으로 초반부터 판세를 주도해갔다.

그때 나는 새벽 일찍 일어나 계란 500개를 삶아 회사 차량이 통과하는 입구로 가져갔다. 그리고 계란 하나와 우유 한 통, 명함을 봉지에 넣어 아침 7시부터 출근하는 전 직원에게 나누어주기도 했다. 나를 알리기 위해서였다. 반응은 폭발적이었다. 첫날부터 다른 부스는 텅 비어 있는데도 내 부스에는 사람들이 줄을 서서 기다릴 정도였다.

그런데 사흘째 오후가 되는 날 가입 신청서를 내겠다는 사람들이 갑자기 보이지 않았다. 이상했다. 수소문해보니 유치전이 치열해지면서 다른 쪽에서 각종 경품과 현금까지 지급한다는 소문이 파다하게 퍼져 있었다. 직원들이 그것에 흔들린 것이다. 당황스러웠다.

그러던 중 부서에서 대표로 한 직원이 찾아와 "다른 데는 현금을 지급하는데 당신도 현금을 줄 수 있으면 좋겠다"고 말했다. 나는 단호히 거절했다. 회사의 명예를 걸고 그렇게는 못한다는 생각이 들었다. 결국 가입자를 많이 빼앗겨 아쉬움이 남았지만 그래도 그때 참가 회사 중 가장 많은 실적을 냈기 때문에 정의는 살아 있다고 생각했다.

정도 영업은 때론 답답하고 더디다. 그러나 그 길 외에는 아무것도 없다. 편법이나 원칙에 어긋나는 판매는 순간적으로는 편리해 보이지만 바로 탈이 난다. 보험뿐 아니라 매사가 그렇듯 원칙은 존중되어야 하고 결국 마지막에 살아남는 자도 원칙을 지킨 사람들이다.

달콤한 것은 유혹적이지만 함정을 숨기고 있는 경우가 많다. 달콤함 속에 숨은 함정을 경계하지 않으면 어느 순간 모든 것이 끝나고 만다는 사실을 놓쳐서는 안 된다. 오직 묵묵히 기본을 지키고 본질에 충실한 것이 왕도다.

고객은 언제나 떠날 준비를 한다

선택은
명쾌해야
한다

어떤 상황에 맞닥뜨릴 때마다 늘 염두에 두는 말 중에 '당단부단當斷不斷이면 반수기란反受其亂'이란 말이 있다. 당연히 판단하고 선택해야 할 시점에 결단을 내리지 않거나 이런저런 이유로 선택과 결정을 미루면 오히려 화를 당하거나 손해를 보게 된다는 의미다. 정확한 판단도 중요하지만 그렇다고 판단의 시기를 놓쳐선 더욱 안 된다는 말이다.

우리는 매 순간 크고 작은 선택을 해야 한다. 중요한

결제를 하느냐 마느냐부터 매매 계약을 할 것인가 말 것인가, 고객과 오늘 만날 것인가 내일 만날 것인가, 동창회와 동호인 모임 중 어느 쪽에 가야 하느냐, 밥은 무엇을 먹느냐에 이르기까지 수없이 많다. 또 그 순간에 바로 해야 하는 선택도 있고 시간을 두고 천천히 해야 하는 것도 있다. 오죽하면 사르트르가 "인생은 B(birth)와 D(death) 사이의 C(choice)"라고 했을까.

이처럼 수많은 선택을 얼마나 효과적으로 적절하게 하느냐 하는 것은 누구에게나 중요한 과제다. 상대방이 없는 선택은 그나마 마음이 편하지만, 상대방이 있다면 훨씬 힘이 든다. 어떤 선택을 하느냐에 따라 인간관계도 달라지기 때문에 선택하는 상황 자체가 때로는 엄청난 스트레스로 다가오기도 한다.

보험왕이 되면서 여러 가지 판단하고 선택해야 할 일이 더욱 많아져서 내 나름대로 판단 기준을 세우게 되었다. 첫 번째는 어떠한 일도 본래의 업무를 방해해서는 안 된다는 것이다. 다음은 지금 내가 결정하는 일이 고객에게 유익한지, 또한 회사에 바람직한 것인지, 그리고 나에게는 어떤 영향을 미치는지를 검토하는 것이다.

내가 입사 12개월째 되던 1994년의 일이다. 우리 회사는 전국 일간지를 통해 업계 최초로 품질보증선언을 했다. 나는 그때 주변에서 이른바 '떠오르는 별'로 주목 받으면서 회사 모델로 선정돼 중앙지 전면 광고에 얼굴이 나오게 되었다. 신문에 얼굴이 나오자 전화도 빗발쳤다. 그다음 날 평소 잘 아는 분으로부터 전화가 왔다. 점심을 같이하자는 것이었다.

약속 시간에 맞춰 식당으로 갔다. 그런데 문틈으로 얼핏 면식이 있는 다른 보험 회사 지역 책임자가 보였다. 신발을 보니 네댓 명은 될 것 같았다. 음식점 주인에게 안에 누가 있느냐고 묻자 주인은 보험 회사 간부와 스태프들이 왔다고 했다. 직감적으로 스카우트 면담 비슷한 것이 있겠다는 예감이 들었다. 잠시 고민했다. 만나서 거절 의사를 분명히 전할까 하다가 자칫하면 오해를 받을 수도 있겠다 싶어 바로 뛰쳐나왔다.

약속 장소에 나타나지 않자 전화가 왔다. 나는 그에게 사전에 말도 없이 그런 자리를 만들면 어떻게 하느냐고 불만을 표시했다. 그는 그제야 실토했다.

"당신이 일을 아주 잘하니까 그쪽에서 만나고 싶다고 해서 내가 자리를 만들었습니다."

그는 나를 생각해서 한 일이라며, 그 보험사에서 나를

관리자로 스카우트하려고 했다는 것이다. 지금 생각해도 그때 명쾌하게 판단을 잘 내렸다고 생각한다. 약속 장소에 간 김에 식사라도 했다면 일이 훨씬 복잡해졌을 것이다.

물론 사회생활이라는 것이 사람과의 복잡한 관계에서 이루어지기 때문에 모든 선택을 칼로 자르듯 완벽하게 할 수는 없다. 어쩔 수 없이 우유부단해질 때도 있고 마음에 들지 않아도 별수 없이 선택하기도 한다. 그러나 문제는 이러한 잘못된 선택에서 비롯된다.

그중에서도 특히 타이밍을 놓친 선택은 내용을 잘못 판단하는 것 이상으로 나쁜 결과를 가져온다. 선택은 대부분 시기를 포함하기 때문에 아무리 정확하게 판단하더라도 시기를 놓치면 의미가 없어진다. 이러한 선택은 문제를 몇 배로 어렵고 힘들게 만든다.

그렇다면 어떻게 해야 좋은 선택을 하고 잘못된 선택을 최소화할 수 있을 것인가?

결과를 미리 예측할 수 있는 빠른 판단력을 키우는 수밖에 없다. 그리고 여러 변수들을 빠른 시간 내에 검토하고 분석해낼 수 있는 순발력을 길러야 한다. 또한 항상 상식적이고 보편적인 인식을 유지해야 한다. 물론 이러한 능력을 하루아침에 갖출 수는 없지만 매사에 능동적이고 자신감이 있다면 누구나 갖출 수 있는 것이기도 하다.

성공한 사람과 성공하지 못한 사람의 차이는 선택을 어떻게 하느냐와 그 결과에 어떻게 대응하느냐 하는 것으로도 구분된다. 성공한 사람은 중요한 순간에 결코 선택을 서두르거나 두려워하거나 망설이지 않는다. 그리고 이미 한 선택에 대해서는 후회하지 않는다. 특히 선택의 결과가 잘못되면 전적으로 자신이 책임을 지지만, 선택의 결과가 좋으면 그것을 주변 사람들과 함께 나눈다.

문화는
내가
만든다

특강을 다녀보면 그 회사
나 조직의 문화가 한눈에 들어온다. 강사의 섭외에서부터
특강을 준비하는 과정을 살펴보면 회사에 가보지 않아도
그들의 문화가 어떠한지 적나라하게 드러나기 때문이다.

사원들에게 특강을 주선할 정도의 회사라면 사정도 그
런대로 괜찮고 CEO의 의식도 앞서간다고 볼 수 있지만 그
런 회사 간에도 차이는 확연하다. '하나를 보면 열을 안다'
는 말이 있듯이 특강 준비만 봐도 팽팽 돌아가는 회사인지

고객은 언제나 떠날 준비를 한다

아직도 시스템과는 거리가 먼 회사인지 금방 구분이 된다.

조직 문화가 살아 움직이는 회사는 강사 섭외부터 무척이나 세심하고 세련된다. 일정 섭외도 충분한 시간을 두고 이루어진다. 서로 의사 소통하며 어느 정도 결정되면 바로 정확한 장소와 시간은 물론 특강 대상자의 규모와 특징, 특강의 주제와 목적 등을 상세하게 정리한 특강 요청서를 보낸다. 주제가 특별할 때는 직접 찾아와 의견을 교환하기도 한다.

"선생님, 바쁘신데 죄송합니다. 특강 준비하시는데 혹시 회사에서 도움을 드려야 할 것은 없는지 궁금해서 전화드렸습니다."

이렇게 특강 담당자는 스케줄 점검을 위한 확인 전화를 걸어 강사가 특강 일정을 잊지 않도록 다시 한 번 주지시킨다. 특강 당일에는 지방에서 출발할 경우 열차 탑승 여부도 반드시 확인한다. 그리고 이동 중에도 연락이 온다.

"선생님, 도착하시면 승용차는 건물 서편에 대기하고 있을 겁니다. 승용차 색깔은 검정색입니다."

담당자는 강사가 타고 갈 승용차 대기 장소는 물론 운전기사의 이름, 전화번호까지 친절하게 통보해준다. 운전기사 혼자 나올 때도 있지만 안내하는 사람이 함께 나오기도 한다.

회사로 이동하는 동안 특강에 참석하는 회사 관계자가 누군지 알려주고 회사의 개요나 사원들의 주된 관심사 등도 미리 얘기해준다. 승용차가 회사에 도착하고 특강을 시작하기 전에 차 한잔 할 수 있는 여유를 주는 것까지 일정은 짜 맞춘 듯 정확하다. 심지어 강사가 무대에 오르는 시간까지 무대 뒤에서 카운트다운하면서 시작 시간을 정확하게 맞추는 것을 보면 절로 감탄이 나온다.

물론 모든 회사가 그렇게 할 수는 없다. 회사 규모나 여건에 따라 사정이 다르기 때문에 앞서 이야기한 것처럼 세심하게 관리하지 않을 수도 있다. 그러나 준비가 너무 부족하다고 할 정도의 회사도 없지 않다. 수년 전에는 너무나 어처구니없는 경우를 당해 지금 생각해도 씁쓸하다.

어느 날 거래하고 있던 한 회사 사장님과 오찬을 하던 중 사장님이 지나가는 말로 언제 사원들에게 특강을 해주면 좋겠다고 했다. 그러면서 어느 토요일을 지목하면서 다른 일정이 있느냐고 물었다. 나는 수첩을 꺼내 확인한 뒤 그 자리에서 답했다.

"현재로서는 특별한 일은 없는 것 같습니다."

그리고 식사를 마치고 헤어졌다. 특강에 관해 더는 말

이 없었고 그게 전부였다.

어느 날 나는 볼일 때문에 비행기에 오르기 위해 공항에 있는데 느닷없이 전화가 걸려 왔다.

"팀장님, 오늘 오전 10시 반부터 특강 있는 것 아시죠?"

"네, 무슨 소리예요! 특강이라니?"

"왜 그러십니까? 지난달에 사장님하고 식사하면서 사장님이 팀장님께 특강을 부탁하셨지 않습니까?"

갑자기 그때의 오찬이 기억났다. 나는 할 말을 잃었다. 확실한 특강 요청도 아니고 언제 시간이 되느냐고 물어본 게 전부인데 그게 특강 약속이라니? 그러나 담당 직원에게 얘기해봐야 소용도 없고 몰랐다고 할 수도 없고 이런저런 말을 하기는 더욱 싫었다. 일단 알았다고 하고 전화를 끊었다. 그 회사까지 가는 데 걸리는 시간을 계산해보니 시간에 맞춰 도착하는 것도 빠듯했다.

의상도 전혀 준비가 되지 않았고 강의안도 가는 길에 잠깐 메모한 게 전부였으니 준비가 되지 않은 것은 말할 것도 없었다. 12시에 있는 고객 결혼식에도 참석하지 못하고, 한순간에 모든 것이 엉망이 되면서 뒤죽박죽으로 꼬였다. 포기할까 하다가 지금 못 간다고 해봐야 사정을 모를 테니 약속을 못 지킨 사람으로 생각할 것이고, 그렇게 되면 나만 이상한 사람이 되겠다는 생각이 들어 회사로 갔다.

회사에 도착하니 겨우 시간은 맞출 수 있었다. 그러나 표정 관리조차 힘이 들었으니 특강이 잘될 리가 없었다. 억지로 강연을 마치고 대기실로 나오자 담당자가 급하게 다가왔다.

"팀장님, 사장님께서 오찬을 준비해놓으셨습니다. 같이 가시죠?"

"아, 그래요? 어쩌지요. 선약이 있습니다."

나는 '정말 무례하구나' 하는 생각이 들었지만 다른 약속이 있다고 정중히 말했다. 어떻게 이럴 수가 있을까? 특강을 요청하면 정식으로 날짜와 시간을 잡아야 하고 확인하기 위해 한 번이라도 연락해야 하는 건데 아무 말 없이 당일날 불쑥 전화한 게 전부였으니 이해가 되질 않았다. 오찬 약속도 그렇다. 저마다 약속이 있을 텐데 사전에 말 한 마디 없이 식사가 준비됐다고 무조건 가자고 하는 경우는 도무지 납득이 되지 않았다.

두 회사는 큰 차이를 보이고 있지만 그 구성원들은 저마다 그렇게 하는 것이 당연한 듯이 여기고 생활한다. 이렇듯 회사나 조직의 문화는 천차만별이다. 조직적이고 치밀

한 회사가 있는 반면에 아직도 후진 문화에 머물러 있는 회사나 조직도 많다.

중요한 사실은 문화는 남이 만들어주는 것이 아니라 구성원인 바로 '내'가 만드는 것이다. 나의 문화는 몇 명이 모이면 하나의 작은 문화가 되고, 작은 문화가 모여 곧 조직의 문화가 되는 것이다. 그렇게 보면 회사나 조직의 문화는 결국 나 자신의 문화이기도 하다.

"우리 회사 하는 꼴이 늘 이렇다니까!" 또는 "우리 모임이 하는 걸 보면 정말 한심하단 말이야!" 하면서 욕하는 것은 누워서 침 뱉기나 다름없다. 우리 회사나 조직의 문화는 나의 문화이고 내가 만든 문화이기 때문이다. 회사나 조직의 문화가 마음에 들지 않으면 우선 나부터 바꾸면 된다. 그러면 조직도 서서히 바뀔 것이다.

비판에도
기술이
있다

부부 사이에도 해도 될 말과 안 될 말이 있듯이 사회생활을 하면서 다른 사람을 지적하거나 비판할 때는 특히 신중해야 한다. 직장 동료나 비즈니스를 하는 사이라면 더 신경 써야 한다. 비판이나 지적은 칭찬이나 덕담처럼 '좋은 소리'가 아니라 듣기에 따라서는 '아프고 따가운 소리'기 때문에 훨씬 예민하게 받아들일 수 있다. 그래서 자칫하면 치유할 수 없는 앙금이 생기기도 하고 예상치 못한 파장에 휩싸이기도 한다.

따라서 비판하는 데도 기술이 있어야 한다. 아무리 능력이 있어도 일상에서 그러한 기술을 익히지 않으면 성공할 수가 없다. 사람은 똑똑한데 늘 결정적인 순간에 실패하는 등 실력을 발휘하지 못하는 사람을 보면 역시 '비판의 기술'이 부족하다고 여겨질 때가 많다. 학창 시절에 성적도 좋고 다재다능해 촉망 받았으나 사회에 나와서는 두각을 나타내지 못하는 사람이 있다고 한다면 비판의 기술이 부족한 것이 원인이 되었을 수도 있다.

이런 생각이 들 때마다 기억나는 일이 있다. 20여 년 전의 일이다. 남편이 출근하고 나면 이웃에 사는 과장 부인이 한 번씩 놀러 와 남편의 동료 부인들과 차도 마시며 어울리곤 했다. 그런데 평소 교양 있던 그 부인이 어느 날 무슨 일 때문인지는 몰라도 노골적으로 남편 흉을 보면서 이런저런 비난을 쏟아냈다. 집집마다 알고 지내던 사이여서 후유증이 걱정되고 듣기도 거북했다.

며칠이 지나 그 부인과 둘만 만날 기회가 있었다. 그만 둘까도 하다가 가족끼리 서로 잘 아는 사이였기 때문에 한마디 해주는 것이 도리라고 생각하고 조심스럽게 말문을 열었다.

"사모님, 다른 사람들이 있을 때 과장님 흉을 보면 그 사람들이 집에 가서 말을 전할 수도 있고, 그러면 과장님의 회사생활이 불편하지 않으실까요?"

내 말이 끝나기도 전에 부인은 거침없이 화를 냈다.

"왜 내게 그런 말을 하는 거죠? 내가 남편 때문에 마음이 상해서 한 말인데 위로는 못할망정 그렇게 훈계하듯이 말해야 하는 거예요?"

"네?"

나는 깜짝 놀라 쳐다보고만 있었다. 훈계하려고 들다니 말도 안 된다. 조심스럽게 말을 꺼낸 건데 왜 그렇게 나쁜 쪽으로 받아들여야 했을까. 자주 만나는 사이고 단둘이 있기 때문에 염려되는 마음에서 어렵게 한마디 한 건데 생각지도 못하게 비난을 받은 셈이었다. 이때부터 나는 문제점을 지적하거나 비판하는 것은 정말 조심해야 한다고 생각했다. 그 사람과 나 사이의 신뢰가 없으면 예상치 못한 오해를 불러일으킬 수도 있다는 사실을 깨닫게 되었다.

'비판의 기술'의 의미는 얼마든지 확대할 수 있다. 예를 들어 어느 회사가 이익이 많이 나서 특별 성과급 지급을 두고 회사와 사원들 간에 보이지 않게 밀고 당기기가 한창인 상황에서 임원 회의가 열리고 있다고 가정해보자. 담당 임원이 사원들의 요구와 비판을 어떻게 전달하고 해석하느

나에 따라 결과는 크게 달라질 수 있고 나아가 해당 임원의 능력이나 역할도 완전히 달라 보일 수 있다.

비판 기술이 있는 담당 임원이라면 사장에게 이렇게 말했을 것이다.

"올해는 특히 경영진에서 판단을 잘해주었고 임직원들이 일치단결해 최고의 성과를 낼 수 있었습니다. 사원들도 어느 때보다 사기가 충천해 있습니다. 사원들을 격려하는 차원에서 특별 성과급을 지급하면 작업 품질도 향상될 것이고 능률도 오를 것입니다."

이런 정도로 건의한다면 사장은 그러자고 할 것이다. 사원들의 요구나 주장, 비판을 사장도 모를 리 없다. 사원의 요구를 담당 임원이 기술적으로 재해석함으로써 사원들의 요구를 관철하는 동시에 사장의 마음에도 부담이나 상처를 주지 않게 된다.

이와는 달리 담당 임원이 "사원들이 특별 성과급 지급을 요구하고 있습니다. 올해 특별히 많은 이익을 낸 것은 자신들이 열심히 한 때문이라고 주장하고 있습니다. 얼마가 되든 특별 성과급은 지급해야 할 것 같습니다"라고 건의했다면 같은 이야기라도 상황은 크게 달라질 수 있다.

임원의 얘기가 틀린 것은 아니지만 경영자 쪽에서는

'사원들이 마치 맡겨놓은 양 돈을 찾아가려고 하느냐' 라며 언짢아할 수도 있다. 이렇게 되면 경영자 측에서는 특별 성과급 지급 명분이 약해지고 그 순간부터 그 문제가 매우 골치 아픈 것이 되고 만다. 문제는 그때부터 담당 임원의 능력이나 역할이 다르게 평가될 수 있다는 것이다.

그렇다고 좋은 말만 하고 사장 기분에 맞춰 아부하라는 뜻이 아니다. 거짓을 이야기하라는 것은 더욱 아니다. 주어진 상황이나 여건을 제대로 파악해 그것에 맞게 해석하고 융통성을 발휘할 수 있어야 한다는 얘기다. 아 다르고 어 다르다고, 상황과 분위기를 잘 파악해야 한다.

사람들은 본능적으로 자신이 저지른 크고 작은 잘못을 아는 순간 양심의 가책을 받거나 부끄러워하면서도 다른 사람에게 지적당하거나 비판 받는 것은 원치 않는 성향이 있다. 명백한 잘못이나 실수도 다른 사람이 지적하고 비판하면 십중팔구는 마음이 상해서 반발하게 된다. 그래서 이럴때 하는 지적이나 비판은 반성하게 하는 효과가 없다.

그러므로 비판이나 지적을 할 때는 상황이나 여건, 환경을 충분히 감안해야 하고 무엇보다 애정을 갖고 해야 한다. 그렇지 않으면 비판은 자칫 비난이나 냉소로 오인될 수도 있다.

언짢은 감정은 내일 표현해도 늦지 않다

누구나 주변으로부터 좋은 평판이나 신뢰를 얻기는 힘이 들지만 잃기는 너무 쉽다. 개인의 공적도 마찬가지다. 쌓기는 어렵지만 잃는 것은 한순간이다. 수시로 일어날 수 있는 언짢은 감정을 자제하지 않고 있는 그대로 내보이면 그 순간 모든 것이 무너지고 연기처럼 사라지고 만다.

TV 토론회에 참석한 출연자가 화를 참지 못하고 폭언을 하거나 상대방을 공격하는 바람에 비판에 휩싸이기도 한다. 심한 경우에는 자신의 자리마저 지키지 못한다. 경기 도중에 선수가 분을 참지 못한 나머지 욕설을 하거나 폭력을 휘둘러 그동안 쌓은 이미지를 송두리째 잃기도 하고 선수생활까지 그만두어야 하는 경우도 드물지 않게 본다.

뿐만 아니라 감정 섞인 언짢은 말 한마디 때문에 다 된 계약이 한순간에 허사가 되는 경우도 비일비재하다. 현장에서 이런 예가 어디 한둘인가.

일을 하다 보면 화도 나고 언짢을 때도 많다. 좋은 감정이야 언제 어디서든 드러내도 괜찮지만 화나고 언짢은 감정이 들 때가 문제다. 시간과 장소를 불문하고 이를 드러내는 순간 상대방에게 예상치 못한 영향을 미치기도 하고 때로는 엄청난 파국으로 이어질 수도 있기 때문이다.

언짢은 감정, 분한 감정이 말이나 행동을 통해 그대로 드러나는 것은 자신을 향해 화살의 시위를 놓아버린 것이나 다름없다. 자신을 향해 화살을 쏘는 것만큼 어리석은 일이 어디 있는가! 화살을 맞고 나서야 그 아픔을 알 것인가?

주변을 둘러봐도 먼저 화내거나 자리를 박차고 일어난 사람이 비난을 받고 결국은 손해도 보게 된다. 때론 상대방을 찾아가 무릎 꿇고 빌거나 사과하는 등 뒷수습도 해야 하고 금전적 보상까지 해야 할 때도 있다. 일상생활에서도 그러한데, 중요한 협상의 자리나 치열한 경쟁이 펼쳐지는 영업 현장이라면 더 말할 나위도 없다.

언짢은 감정이나 분노도 따지고 보면 결국 자신이 만들어낸 것이다. 상대방의 말이나 행동을 어떻게 받아들이느냐에 따라 마음은 낮과 밤만큼이나 차이가 나기 때문이다. 주변 사람들에게 엄격하기로 소문난 할아버지도 철없이 손자아이가 설쳐대는 것에는 관대하지 않은가.

번즈 박사는 《우울한 현대인에게 주는 번즈 박사의 충고》란 책에서 분노에 대해 알아야 할 10가지를 지적하면서 "이 세상의 사건이 당신을 화나게 하지 않는다. 당신의 뜨거운 생각이 당신을 화나게 만든다"고 했다. 또 "분노는 누군가가 불공정하게 행동한다든지 무슨 사건이 불공정하다는 당신의 가정에 의해 야기된다"고 지적하고 "다른 사람들은 보통 그들이 당신의 벌을 받을 만하다고 느끼지 않으며 당신의 분노는 언제나 부적절하다"고 지적했다.

이 말대로라면 화를 내는 사람은 참으로 '우스운 사람'이다. 그리고 화를 낸 그 순간부터 손해만 볼 뿐이다. 더욱이 혼자서 심각한 표정을 지어봐야 결국 아무 의미도 소용도 없다. 화를 내는 것이 얼마나 어리석고 부질없는 일인지 번즈 박사가 잘 지적하고 있다고 하겠다.

그렇다면 어떻게 해야 할 것인가? 한마디로 참으면서 마음을 넓게 가지는 수밖에 없다. 화를 내는 것은 그 순간 패배한 동시에 후회의 시작이라고 생각하면 된다. 따라서 언짢고 분한 감정은 상대방이 느끼지도 못하도록 생겨나자마자 제압하는 것이 상책이다. 한 걸음도 끌려가서는 안 되며 꼼짝도 못하게 꽁꽁 묶어야 한다. 그렇게 하면 의외로 쉽게 제압될 수도 있는 것이 분노이기도 하다.

그렇다고 언제 어디서나 속이 없는 사람이 되라는 뜻은 결코 아니다. 불법이나 편법마저 못 본 체 용인하거나 양심을 저버리면서까지 비굴해져야 한다는 말도 아니다. 상대를 극복하고 포용하기 위해 자신을 제어하고 관리할 수 있어야 한다는 뜻이다. 자신을 이겨야 상대를 배려할 수 있고 결국 마지막에 승자가 될 수 있다는 의미다.

언짢고 분한 감정은 지금 당장이 아니라 내일, 모레, 아니, 먼 훗날 표현해도 결코 늦지 않다. 이철수 시인의 시구처럼 "미간을 빨랫줄 삼아서 마음 가져다 널어"놓고, 시간을 버는 것도 좋을 것이다. 시간이라는 다리를 건너고 나면 그때는 이미 모든 상황이 이전과는 많이 달라져 있을 것이다. 돌덩이 같던 분노가 솜털처럼 가벼워져 두둥실 날아가 버릴 수도 있다. 그것이 시간의 마법이니까.

진실하면
유창하지 않아도
통한다

지금은 유창한 말의 시대다. 어디를 가나 말 잘하는 사람이 너무 많다. 행사나 모임에 가면 축사나 격려사도 많고 그것도 모자라 건배사도 줄줄이 이어진다. 마이크를 잡았다 하면 4, 5분은 예사고 10분을 훌쩍 넘기는 경우도 있다.

내용이야 어떻든 바야흐로 유창한 말의 시대가 열린 것이다. 문제는 유창한 말만 넘쳐나고 있을 뿐 진실한 말은 그만큼 줄어드는 느낌이 든다. 유창하면서도 진실하고, 진실하면서도 유창한 말이 왜 없겠냐만 그런 말을 접하기가 갈수록 어려워지는 것이 요즘의 세태다.

전국을 다니며 특강을 하고 방송이나 신문과 인터뷰도 많이 하지만 지금도 끝나고 나면 늘 아쉬움이 남는다. '좀 더 잘할 수 있었는데' 하는 식이다.

한 번은 VIP 고객 30여 명을 초청해 주최한 만찬 행사가 열렸다. 특별 영상물까지 방영되고 그동안 나의 성과에 대한 사회자의 브리핑도 있었다. 인사말을 하기 위해 나온 귀빈들이 "정말 귀하신 명사 분들이 이렇게 한자리에 모였다는 게 놀랍습니다. 이 자리를 보면 역시 예영숙 팀장님이 어떤 사람인지 알게 됩니다. 이렇게 열심히 일하는 예영숙 팀장님을 진심으로 존경합니다"라면서 너도나도 분에 넘치는 격려와 칭찬을 하는 바람에 몸 둘 바를 몰랐다.

고객들의 인사가 끝나자 사회자가 나를 보더니 이쯤 되면 모임을 주최한 사람이 앞에 나와서 인사말을 해야 하는 것 아니냐며 갑자기 인사말을 요청했다. 순간, 모든 시선은 내게 집중됐다. 한두 번 하는 인사말도 아니지만 그날 따라 땀이 날 정도로 얼굴이 화끈거렸다.

무척 당황스러웠지만 참석한 분들이 크게 환호하며 박수를 치는 통에 나서지 않을 수 없었다. 인사하면서 앞으로 나갔다. 정작 말을 하려고 하니 머릿속이 하얘졌고 겨우 말을 시작하니 제대로 정리가 되질 않았다. 마이크를 잡은 손이 가늘게 떨렸다.

"진심으로 고맙습니다. 제가 한 분 한 분 찾아뵙고 따로 인사를 드려야 하는 데 이렇게 시간을 내주셔서 너무나 감사합니다. 저는 늘 감사 기도를 올리고 있습니다. 이렇게 소중한 고객님들이 안 계시면 저도 없기 때문입니다. 살아가면서 늘 잊지 않겠습니다. 그리고…… 이만 줄이겠습니다."

인사말을 하러 나갈 때만 해도 이 기회에 고객들에게 평소 표현하고 싶었던 감사와 은혜의 마음을 충분히 전해야겠다고 생각했다. 그런데 갑자기 몇 마디 하고 나니 더할 말이 없었다. 내가 말하려고 마음먹은 것의 십 분의 일도 채 못 전한 느낌이었다.

어떻게 들어왔는지 모를 정도였다. 고개를 숙이고 돌아와 겨우 자리를 찾았는데 자리에 앉아 있기도 민망했다. "보험왕은 말도 잘하는 줄 알았는데 말은 정말 못하네?" 하는 소리가 들리는 것 같았다.

그런데 뜻밖에도 우렁찬 박수가 터져나왔다. 격려와 칭찬도 들렸다. 내가 귀한 자리를 의식해서 말을 잘 못한 것을 위로라도 하듯이 오히려 더 많은 인사를 건네왔다. 어쨌든 분위기는 더욱 화기애애해졌다.

두 달쯤 지났을까, 우연한 자리에서 그때 참석했던 고객 한 분과 만났다. 그때 그분은 내가 한 인사말을 구체적으로 떠올리며 너무나 감동적이었다고 뜻밖의 말을 했다. 놀라서 무슨 말이냐며 계면쩍어하자 고객은 비로소 나를 다시 보게 되었다고 했다.

말을 잘 이어가지 못할 정도로 긴장했지만 그것이 오히려 진지하고 진실하게 느껴졌고, 챔피언의 인간적인 면을 다시 보게 된 계기가 되었다는 것이었다. 그리고 그런 모습이 오히려 그 자리에 있는 사람들에게 예의를 다하는 것으로 느껴지더라는 말까지 덧붙였다.

나는 좋게 말씀해주시니 감사하다고 했지만 마음속으로는 몇 배로 더 고마운 마음이 생겼다. 그때 인사말을 제대로 하지 못한 것이 행사가 끝난 후에도 오랫동안 마음에 걸렸기 때문이다.

한편으로는 놀랍다는 생각도 들었다. 유창하게 말해도 전달하기 어려운 것이 사람의 마음인데 어떻게 나의 속마음을 그들이 다 읽을 수 있었을까 하는 생각이 들었다. 그 고객은 얼마 후 다시 내게 연락을 해서 사업체의 당면한 문제에 대해 마음을 터놓고 상담하기도 했다.

최선의 말은 유창하고 세련된 말이 아니라 진실한 말이며, 진실한 말은 반드시 통하게 되어 있고 감동을 불러일으킨다. 눌변도 진실하면 큰 힘을 발휘한다. 얼마나 세련되게 이야기했느냐 되돌아볼 것이 아니라 얼마나 진지하게 말했는가를 먼저 되짚어봐야 한다. 유창한 말로 이해시킬 수 없는 것도 진실한 말로는 얼마든지 이해시킬 수 있다. 세련된 말로는 통하지 않던 것도 진지한 말로는 얼마든지 통한다.

경청은
힘이
세다

미국의 유명한 라이브 토크
쇼 진행자인 래리 킹은 자신이 토크쇼에서 성공할 수 있었
던 이유를 이렇게 얘기했다.

"내가 하는 대화의 첫 번째 규칙은 상대방의 말을 잘
들어주는 것이다."

그러면서 그는 대화에 3, 2, 1 법칙을 적용한다고 했
다. 3분간 들어주면서 2분간 맞장구를 치고 1분간 말을 한
다는 법칙이다. 고객을 대할 때도 기억해야 할 금과옥조다.

스스로 말하기는 쑥스러운 일이지만 감히 나의 장점을 하나만 들어보라고 한다면 남의 말을 잘 들어준다는 것이다. '경청'은 나의 소중한 영업 비법이기도 하다. 고객의 마음을 사로잡고 고객을 내 편으로 만들려면 그의 말을 따뜻하게 들어주는 진정성을 가지고 출발해야 한다. 경청의 힘은 상상을 초월한다.

지금은 나의 소중한 고객이지만 그와의 첫 거래를 생각하면 여러 가지로 되짚어볼 점이 많다. 전국 규모의 제조업체 회장인 그는 해외 출장 등으로 늘 바쁜 편이었고 어느 때나 파워가 넘쳤다.

평소 나는 그 사모님과 잘 알고 지내는 사이여서 사모님은 내게 만날 때마다 회장님과 상담 시간을 가져보라고 권했다.

"예 팀장, 뭐 해요. 회장님을 꼭 한번 만나보라니까."

"아, 예. 회장님 시간이 나시면 자연스럽게 뵙도록 하겠습니다."

그러다가 어느 날 마침 기회가 되어 회장님을 자택에서 만났다. 나는 지금도 그렇지만 제조업 하시는 분들에게 진심으로 감사하게 생각한다. 제조업은 운영하는 일이 힘들다는 것을 잘 알기 때문이다. '제조업이 없었다면 우리나

라의 수많은 인재들의 일자리는 어떻게 되었겠으며 오늘의 우리 경제가 과연 있었겠는가 라는 생각을 하면 무한한 존경심을 가질 수밖에 없다.

회장님은 나를 만나자 글로벌 경제와 우리나라 경제의 현안에 대해 이야기했다. 그리고 내가 속한 회사에 대한 몇 가지 느낌을 언급하기도 했다. 나는 늘 하던 대로 웃으며 그의 말을 경청했다. 보험에 관해서는 아무 말도 꺼내지 않았다. 이야기는 족히 한 시간 이상 계속되었다. 나는 처음 들어보는 특유의 자신감 넘치는 어법에 매료되기도 했고 이해해야 할 것도 많아 귀 기울여 들었다.

첫 만남은 그렇게 시작되었다. 얼마 지나 다시 만날 기회가 생겼다. 이번에도 회장님은 크게 다르지 않았다. 이야기의 내용이나 패턴도 첫 만남 때와 비슷했다. 오히려 사회적 관심사에 대한 우려의 목소리가 조금 높아진 듯했다. 이번에도 진지한 마음으로 그의 말을 빠짐없이 들었다. 역시 한 시간 정도를 넘기고서야 이야기는 마무리되었다.

회장님의 말을 들으면서 나는 '큰 기업을 이끌어간다는 것은 거친 광야를 헤치며 달리는 것이나 다름없구나. 역시 누구나 할 수 있는 일이 아니구나. 매사를 빈틈없는 통찰력으로 조명하는 경영인이었기에 오늘날의 이 회사가 존재하는 것이구나' 하는 생각을 거듭했다. 자리에 함께한 사모님은 한 마디도 하지 않고 듣기만 하는 나를 안쓰러워하는 듯했다. 하고 싶은 말을 해보라는 식으로 내게 눈짓을 하기도 했지만 두 번째도 역시 보험 이야기는 꺼내지도 않았다.

나를 보면 회장님은 이야기보따리를 풀었고 나는 진지하게 듣기만 했다. 객관적으로 보면 대화는 일방적이었다. 그러나 어느 순간 회장님과 공감대가 생겨난 느낌이 들었고 커뮤니케이션도 굉장히 활발해졌다는 기분이 들기 시작했다.

그러던 중 세 번째 만남이 댁에서 이뤄졌다. 회장님의 이야기가 전보다는 많이 부드러워졌다. 나에 대해 궁금한 것을 묻기도 했고 그때마다 나는 모범 학생처럼 또박또박 대답했다. 그러더니 이번에는 나의 주 업무인 보험에 대해 회장님이 먼저 말을 이어갔다.

"예 팀장, 나는 보험에 대해 특별히 관심을 가져본 적이 없어요. 그게 뭔지 잘 모르지만 예 팀장에게 좋고 내게도 도움이 되는 거라면 한번 검토해보겠어요. 언제 회사로 한번 들어오세요."

예상하지 못한 그의 말에 놀랄 뿐이었다. 회장님은 그

때부터 나와 거래를 시작했고, 지금은 보험뿐만 아니라 여러 가지로 많은 가르침을 주신다.

말하는 것보다는 듣는 것이 때로는 훨씬 더 큰 목소리를 내기도 하고, 더 강하게 설득하기도 한다. 분명한 것은 따뜻하게 들어주면 고객은 하고 싶은 말을 다 하게 되고 언젠가 나에게도 말할 기회를 준다는 것이다. 어느새 변화하고 달라진 고객의 모습이 보인다. 나의 중요한 고객이신 회장님만 해도 그렇다. 그는 재계에서도 모든 부분에 매우 정확한 분으로 정평이 나 있으시다. 그런 분이 결국 마음을 움직인 것도 역시 경청의 힘 때문이 아니었을까.

고객은 내가 처음부터 주장하면서 말하는 것보다 자신의 말을 진지하게 들어주기를 바라는 사람이다. 진심으로 따뜻하게 고객의 말에 귀를 기울이자. 그러면 고객은 언젠가 마음을 연다. 경청은 힘이 세다!

커뮤니케이션의
만능 키는
따뜻함이다

영업이나 거래는 커뮤니케이션이다. 커뮤니케이션 없이는 계약도 판매도 없다. 판매자와 고객의 마음이 교류해야 영업도 거래도 이뤄지기 때문이다. 나는 모든 커뮤니케이션의 핵심은 따뜻함이라고 생각한다. 따뜻함이 근본이 되지 않으면 커뮤니케이션에 한계가 있다.

결국 영업이나 마케팅의 핵심도 인간 내면의 따뜻함에서 찾아야 하고, 그것을 찾아내는 순간 큰 경쟁력이 된다.

차별화 전략, 브리핑 영업, 눈높이 응대, 소개 마케팅, 틈새 시장 공략, 역발상 전략, 콘셉트 마케팅, 세미나 마케팅, 이벤트 마케팅 등 모든 것이 그렇다.

입사 이후 나로 인해 여러 가지 마케팅 기법이 새롭게 등장했지만, 그중에도 사람의 마음을 움직이는 가장 근본적인 것을 들라고 한다면 따뜻함이 중심에 있는 생동감 있는 커뮤니케이션이다. 즉, 언제나 따뜻한 온도가 유지되는 격의 없는 진솔한 소통이 바로 그것이다.

참으로 신기한 것은 보험 현장에 뛰어들고 아직은 신인 시절이었던 14, 15년 전에 썼던 시의 따뜻함 정감이 지금도 내 마음에 살아 있고 그때를 기억할 때마다 지난 시간이 생생하게 떠오른다는 점이다. 그때도 나의 보험 현장은 언제나 열정의 도가니였다.

지금은

내게 정이 넘치는
따뜻한 웃음이 있어
때로 오늘이 며칠인지 몰라도
청약서는 멋지게 작성할 수 있었어

고객은 언제나 떠날 준비를 한다

내게 마음을 줄 수 있는

반짝이는 눈빛이 있어

누군가 꼭꼭 숨겨둔 지폐도

거짓말처럼 받아 올 수 있어

언제나처럼 나의 영업에는

향기가 있고 싶다

싱그러운 봄 햇살이 가져다주는 향기

누굴 만나든 즐겁게 긴장하는 향기

그 기운은 마치 봄날의 가지 끝으로 뻗어가는

따뜻한 불길은 것이리라

입사 2, 3년 됐을 때 쓴 자작시다. 나는 원래 정이 많고 눈물도 많은 편이다. 그러나 정이나 따뜻한 마음을 표현하고 전하는 것은 내게 쉽지 않은 일이다. 그래서 시를 쓰기도 하고 남의 말을 잘 들으며 여러 가지 노력도 해보지만 때로는 아쉬움을 느낄 때도 많다.

나는 그동안 많은 사람들과 만나면서 의사소통의 소중함을 알았고, 의사소통의 핵심은 바로 따뜻함이라는 사실도 알았다. 언제나 따뜻함이 말이나 행동에 자연스럽게 배어 나오려면 가슴속에 온기를 가득 채우고 있지 않으면 안된다. 그렇지 않으면 자신도 모르게 불쑥 내뱉은 따뜻하지 못한 말 한마디 때문에 커뮤니케이션은 완전히 막힐 수도 있고, 상대방에게 영원히 지울 수 없는 상처를 주기도 한다.

중소기업을 운영하던 한 친구가 회사 형편이 갑자기 어려워져서 백방으로 돈을 구하러 다녔다. 그러다 우연히 같은 아파트에 사는 대학 동창을 만났다. 친구는 동창에게 "돈 좀 빌릴 수 없을까? 요즘 회사 사정이 안 좋아서 아파트도 팔아야 할 것 같아"라며 자신의 처지를 하소연했다. 얼마 지나지 않아 친구는 동창과 동네에서 마주쳤다. 동창은 친구에게 "아직도 이사 안 갔어?"라고 물었다. 일순간 친구는 싸늘해졌다. '내가 이사 가기를 바란 거 아냐?' 라고 생각했기 때문이다. 친구와 동창 사이에는 커뮤니케이션에 문제가 있었다. 말에 따뜻함이 묻어나지 않았기 때문에 더이상 소통이 불가능해진 것이다.

확정 금리 상품에 가입한 후 만기가 된 고객 한 분이 수익률이 생각보다 낮아서 실망했다며 서류를 든 채로 사무실을 찾아와 불만을 말한 적이 있다. 가입한 후 정기예금 금리가 한때 반짝 올랐다가 곤두박질친 후로 계속 저금리

였지만 고객 입장에서는 잠시나마 반짝 올랐던 그 시점을 기준으로 생각하고 그렇게 말했던 것이다.

나는 일단 "많이 서운하셨겠습니다" 하면서 고객의 마음을 충분히 이해하고 있다는 것을 전했다. 그런 다음 가입 당시와 지금의 금융 시장 변화 등 전반적인 금리의 흐름에 대해 설명했다.

"솔직히 저희 회사에서도 금리가 이렇게까지 떨어지리라고는 미처 생각하지 못했을 겁니다. 다시 그 시점으로 돌아간다면 고객님에게 지금 이 수익률도 약속하기 어려울 테죠. 이 상품이 회사에 현재 많은 부담을 주는 역마진 상품이라고 알고 있습니다."

이렇게 그간의 사정을 솔직하면서도 따뜻하게 이야기했다.

얘기를 마치자 고객의 표정이 풀렸다. 나의 진지한 설명에 믿음이 간다는 표정이었다. 그리고 이런저런 질문을 던졌다. 나는 차분하게 설명했다. 굳은 표정으로 사무실을 찾아온 그는 따뜻한 커뮤니케이션을 통해 오해를 충분히 풀었다는 표정이었다. 그는 회사가 앞으로 더 건실해지기를 바란다는 말까지 하고는 사무실을 나섰다.

이렇듯 사람과 사람은 어떤 느낌으로 마음을 전달하느

나에 따라 그 관계 또한 느낌만큼이나 여러 모습으로 형성된다. 작용이 있으면 반작용이 있듯이, 마음의 온도도 전달된 만큼 되돌아오고 전달된 만큼 반응하게 된다. 고객을 움직이고 상대방을 움직이려면 내가 고객이나 상대방보다 더 따뜻해야 하고 그들에게 먼저 따뜻함을 전할 수 있어야 한다. 그때 고객과 상대방은 마음을 움직이게 된다.

커뮤니케이션도 마찬가지다. 내가 상대방에게 따뜻함을 전할 수 있으면 모든 커뮤니케이션은 성공적일 수밖에 없다. 결국 따뜻함이 커뮤니케이션의 만능 키인 셈이다.

배려는 예기치 않은
선물을 갖고
돌아온다

늘 미소를 잃지 않고 주변 사람을 따뜻하게 배려하는 고객이 있다. 한 번은 그를 포함한 몇몇 지인과 저녁식사를 하기로 했다. 그런데 시간을 잘 지키기로 소문난 그가 불가피한 사정 때문에 식사 도중에 먼저 일어나야 하는 처지가 되었다. 한 달에 한 번 보는 친한 사이인데도 그는 약속 시간보다 10분 미리 와서 기다리고 있다가 한 사람 한 사람에게 사정을 이야기하고는 먼저 자리를 떴다.

식사를 마치고 밖으로 나오면서 우리는 먼저 간 그 덕분에 기분이 엄청 좋아졌다. 그는 미리 와서 사정을 설명한 것도 모자라 약속을 지키지 못한 미안함의 표시로 정성을 다해 포장한 작은 선물을 카운터에 맡겨두고 간 것이다. 포장을 뜯자 초콜렛과 함께 "먼저 가서 미안합니다♡"라는 메시지가 들어 있었다.

중소기업 사장님인 예의 바른 고객도 있다. 그와 골프를 치면 언제나 기분이 좋다. 골프가 끝날 때까지 시종일관 크고 작은 배려를 해주기 때문이다. 동반자가 티샷을 준비할 때 그는 공 밑에 있는 티를 쳐다본다. 다른 사람들은 친 공이 어디로 가는지 쳐다보고 있을 때 그는 재빠르게 튕겨져 나간 티를 향해 달려간다. 그린에 공이 떨어진 것을 확인한 동반자가 티를 찾으려고 두리번거리면 그는 웃으며 티를 건네준다.

프랑스에서는 와인으로 건배를 할 때 '아 보트르 상테 (A Votre Sante)'라고 외친다. 이때 아름다운 소리가 나게 잔을 부딪치는 것도 중요하지만 더 중요한 것은 상대방의 눈을 쳐다보는 것이다. 상대방에게 따뜻한 마음을 전하기 위해서는 눈으로도 말해야 한다는 의미가 포함돼 있다. 웃는 얼굴로 상대방과 눈을 마주치는 것도 매우 중요한 배려다.

보험왕을 여러 차례 하다 보니 때로는 전혀 예상치 못한 상황을 맞기도 한다. 국회의원 선거일이 열흘 정도 앞으로 임박했을 무렵이었다. 한창 선거 운동을 하던 장관 출신인 모 후보가 찾아와 진지하게 물었다.

"어떻게 하면 짧은 시간에 더 많은 유권자들의 마음을 사로잡을 수 있을까요? 좋은 방법을 하나만 알려주십시오."

당황스러웠지만 그의 간곡함을 거절하지 못해 한마디 했다. 바로 상대방에 대한 배려였다.

"아무리 바빠도 악수하면서 꼭 유권자들과 눈을 맞추세요. 눈을 제대로 맞추지 않으면 아무 효과가 없습니다."

후보들은 하루에도 수없이 많은 유권자들과 악수하지만 대부분은 손과 눈이 따로 논다. 한 유권자와 악수하면서도 마음이 급한 후보자의 눈은 이미 다른 유권자에게 가 있다. 이런 악수는 아무리 많이 해도 유권자의 마음을 움직일 수 없다. 오히려 불쾌감을 줘서 안 한 것보다 못할 수도 있다. 이는 선거 때가 아니더라도 중요한 의미가 있다.

상대방에게 눈을 맞추는 것은 상대방을 위한 최소한의 배려다. 이러한 작은 배려조차 기대할 수 없는 사람에게 더 큰 배려를 기대한다는 것은 참으로 어리석은 일이다. 일상의 작은 배려가 중요한 이유는 그것이 어느 순간에는 큰 배려로 이어지기 때문이다.

배려가 없다면 우리는 한순간도 더불어 살 수가 없다. 나보다는 다른 사람을 생각하고 위하는 마음이 있기 때문에 공존할 수 있는 것이다. 힘들고 어려울 때도 있지만 세상이 이만큼 밝고 따뜻한 것은 배려하는 마음이 있기 때문이다. 신기하게도 배려는 상대방을 위하는 것이지만 때로 아름다운 메아리처럼 예기치 않게 큰 선물을 가지고 되돌아오기도 한다.

내게는 영원히 잊을 수 없는 존경하는 고객 한 분이 계셨다. 여든이 넘도록 진료하며 평생 외길을 걷다가 최근에 하늘나라로 가신 병원 원장님이다. 내가 그분께 한 것이라고는 가끔 찾아가 안부를 챙기는 정도가 고작이었는데도 돌아온 은혜는 너무나 컸다. 특히 IMF 한파 때는 여러 면으로 용기를 주셨다. 지금도 그렇지만 열심히 업무를 보는 과정에서 작은 정성만 들였을 뿐인데도 그분께서는 만남의 인연을 소중히 여기시며 기꺼이 마음을 내주셨다.

나에 대한 그분의 믿음은 몸담고 있는 회사에 대한 신뢰로 이어져 회사에 관해서도 주변에 늘 좋게 말씀해주셨다. 회사 구성원을 통해 회사의 이미지가 좌우될 수 있다는 사실을 새삼 깨닫고 더 큰 책임감을 느끼기도 했다. 어느 때는 나를 위해 자신의 재테크 경험을 지인들에게 허심탄회하게 털어놓으며 내가 지인들과 거래하도록 적극적으로 주선하기도 했다.

평소 작은 배려가 큰 선물이 되어 돌아오는 것을 느끼면서 나는 감사와 겸손을 배웠다. 고객에 대한 배려는 특별한 형식이나 방법이 있는 것이 아니다. 오로지 진심이 깃들어 있어야 하고 언제나 한결같아야 한다. 그리고 어떤 경우든 고객에 대한 존중심을 잃지 말아야 한다.

배려는 성공을 위한 중요한 열쇠다. 나 홀로 앞만 보고 줄기차게 나아가기만 하면 성공한다는 생각은 옛날이야기가 되었다. 함께 어우러지지 않으면 큰 성공을 이룰 수 없다. 상대방의 성공이 나의 성공이라고 여길 때 비로소 성공할 수 있고 그에 따른 성과도 기대할 수 있다. 지금은 경쟁자도 배려하면서 함께 나아가야 하는 배려의 시대다.

흔들리며
꿈꾸며

풍부한 상상력이 성공의 지름길이다...꿈은 언제나 자유로워야 한다...꽃은 흔들리며 피는 것이다...성공은 생각보다 훨씬 가까이에 와 있다...목표는 살아 움직이는 에너지다...비결은 긍정과 열정이다...21세기는 현장이 경쟁력이다

꿈은 자유로워야 한다. 언젠가 현실이 될 수 있기 때문이다. 꿈은 창조다. 꿈이 없으면 새로운 탄생도 발견도 없다. 불가능한 것은 지금 불가능한 것일 뿐이다. 불가능은 없다. 언젠가는 당신의 꿈도 현실이 된다. 그러니 부지런히 꿈꾸자.

풍부한
상상력이 성공의
지름길이다

나는 업무와 관련해서 늘 많은 상상을 한다. 고객을 어떻게 설득할 것인가 하는 영업 전략에서부터 고객 관리나 서비스에 이르기까지 그야말로 무한대다. 시간과 장소도 불문이다.

물론 아무 성과 없이 상상만으로 끝날 때도 많지만 풍부한 상상력은 새로운 전략이나 대책을 비롯해 참신한 아이디어까지 다양한 선물을 주기도 한다. 그래서 나는 상상해서 얻은 결과물을 어떤 형태로든 현실에 반영시킨다.

특강이나 인터뷰에서 "오늘의 성공은 어디에서 비롯되었는가?"라는 질문을 받으면 나는 상상을 현실로 옮기기 위해 누구보다 많은 노력을 기울였다는 말로 답변을 대신하곤 한다. 그만큼 상상을 현실로 옮기는 것이 어려운 일이기도 하고 중요한 의미를 갖는다는 뜻이기도 하다.

오늘날 우리 주변의 모든 것은 누군가의 상상이고 누군가가 현실로 옮기기 위해 남달리 땀을 흘린 결과물이 아닌가. 내게는 소중한 '콘셉트 마케팅'도 상상력이 가져다 준 선물이다.

어느 날 보험 판매와 관련해 뭔가 크게 잘못되었다는 생각이 밀물처럼 세차게 밀려왔다. 다른 게 아니라 보험 가입을 권유하면서 어떤 고객을 만나든 간에 똑같이 "이 보험이 이래서 필요한 것이니까 잘 판단해보세요"라고 판에 박힌 듯 앵무새처럼 되풀이하는 것이 문제란 생각이 들었다. 사람마다 추구하는 가치나 소득 수준이 다르고 지적 수준이나 생활수준, 환경도 모두 다른데 똑같은 식으로 접근하고 상담한다는 것은 말이 안 된다는 생각이 들었다.

이때부터 상상력을 최대한 동원해 기존의 방식과는 완전히 다른 새로운 보험 마케팅 전략을 구상했다. 저마다 생각하는 것이나 철학이 다르듯이 필요로 하는 보험 역시 사람마다 다를 수밖에 없다는 전제하에 각자에 맞게 설계해야 한다고 생각했다. 따라서 재산 관리 형태나 여러 여건을 함께 토론하고 공유해서 각자 고유한 콘셉트를 짜주면 결국 각자에게 적합한 보험 상품을 스스로 선택할 수 있으리라는 결론을 내렸다.

결과는 기대 이상이었다. 고객들은 "이런 상품이라면 저한테는 꼭 맞네요. 이 상품으로 가입하겠습니다"라고 말하면서 더 설명할 것도 없이 자신들에게 맞는 상품이나 금액을 선택해 서명했다. 상상력이 발휘되지 않았다면 이뤄낼 수 없는 새로운 마케팅 기법이었다.

나는 누구나 목돈을 마련하고 싶어한다는 바람을 충족시켜주기 위해 이른바 '목적 자금 만들기 플랜'을 다른 방식으로 만들어 큰 반향을 불러일으켰다. 고객의 형편이나 여건에 맞춰 5년 뒤, 10년 뒤로 기간을 설정하고 기간 내에 목표 자금을 확보하도록 일별, 월별 전략을 수립하고 마련해줌으로써 고객이 무난히 목표를 달성할 수 있도록 도와주는 방식이다.

레스토랑을 하는 고객은 5년 설계를 통해 10억 원을 만들고 싶어했는데 플랜에 따라 차질 없이 마련했다. 다른 가입자들도 마라톤 레이스에서 결승점에 도달하듯 목표 시점이 되자 저마다 설정한 목표 금액을 잇달아 달성했다. 이 프로그램은 고객의 신뢰와 존중이 없으면 이뤄질 수 없는 것이었는데, 당시 다소 여유가 있는 계층에서 입소문이 나면서 가입자는 크게 늘었다.

나는 30대 중반에 이 일을 시작했기 때문에 나보다 5~10세 이상 나이가 많은 사람들이 주 고객이었다. 그분들이 나를 만나면 "나도 그런 때가 있었다. 세월이 너무 잘 가서 억울하다"는 말을 자주 했다. 나는 그 말에 착안하여 '세월이 간 것이 억울하지 않는 방법'이라는 작은 제목을 곁들어 적금 들기 프로젝트를 만들었다. 사람들은 무릎을 치며 동의했다.

세월이 흐른 것을 억울해하지 않는 방법으로 세월 대신 만들어진 목돈은 충분히 위로가 되었다. 나는 그해 1등을 했고 저축의 날에는 대통령상을 받기도 했다. 내가 저축을 많이 해서가 아니라 저축을 많이 홍보한 공로로 표창을 받은 것이다.

고객들이 '목적 자금 만들기 플랜'에 얼마나 많이 관심을 가졌으면 금융 기관 종사자 가운데 저축 홍보 공로자로 내가 추천되어 대통령상까지 받았겠는가. 그때 그들은 힘들게 목돈을 만들었지만 이후에는 목돈을 바탕으로 여유

고객은 언제나 떠날 준비를 한다

롭게 새로운 사업도 더욱 크게 구상할 수 있었다. 지금도 나는 그들로부터 "그때 내가 그걸 잘 들었지"라며 고맙다는 인사를 듣는다. 역시 상상이 준 값진 선물이다.

한마디로 풍부한 상상력 없이는 새로운 것을 기대할 수 없다. 영업이나 판매 현장은 더욱 그러하다. 하루가 다르게 새로운 마케팅 방식이나 전략이 쏟아져 나오는 것도 무한한 상상력이 동원되기 때문이다. 성공하려면 남보다 더 넓게 상상의 나래를 펼쳐야 한다. 성공한 사람들 역시 자신들의 성공은 상상력에서 비롯되었다고 회고한다. 결국 차이는 상상력에서 시작된다. 풍부한 상상력이 꽃을 피울 수 있도록 저마다 상상력의 정원에 단비를 흠뻑 뿌려보자.

꿈은 언제나
자유로워야
한다

나는 결과를 말할 때 항상 꿈을 먼저 이야기한다. 대부분의 사람들은 꿈은 단지 꿈일 뿐이라고 여기지만, 지금까지의 모든 결과가 꿈에서부터 시작되었기 때문에 내게 있어 꿈은 현실이었다. 열악한 보험 환경에서 고객을 만나 대화하는 것조차 어려웠던 시절에도 나는 고객들이 나에게 보험 상담을 하기 위해 줄을 서서 기다리는 꿈을 꿨다.

보험에 대한 인식이 없어서 '천하의 나쁜 제도'라고

여겨졌던 시절에도 보험에 가입하려는 고객이 번호표를 받아 줄을 서게 될 것이라는 꿈을 꾼 것은 에디슨이 전기를 발명하려 했던 꿈보다 더 요원해 보이지 않았을까?

나는 "성공의 절반은 꿈을 꾸는 순간 대기하고 있다"고 생각한다. 그래서 성공하려면 먼저 꿈부터 꾸라고 강조한다. 꿈은 크고 다양할수록 좋다. 어떠한 제한도 없이 무한히 나래를 펼수록 좋다. 어린아이나 청소년, 어른 할 것 없이 성공을 위해 꿈은 매우 소중하다.

물론 누구나 꿈을 꾸고 있다고 이야기할 수 있다. "나도 꿈을 꾸는데 되는 것이 없더라"고 말할지도 모르겠다. 문제는 꿈을 보는 관점이다. 꿈을 이루는 것이 어렵다고 생각하는 사람들은 꿈이 아주 멀리 있다고 생각하고 방법을 찾는 데 무관심하지만, 꿈은 이뤄질 것이라고 믿는 사람들은 꿈을 이루기 위해 어떻게 해야 할까 그 방법을 생각한다. 바로 그 차이다. 한마디로 '실행'이다.

사람들은 머릿속으로 하룻밤에도 여러 채의 집을 지을 수 있다. 머릿속으로 이렇게도 짓고, 저렇게도 짓는다. 그러나 다음 날 머릿속으로 지었던 집을 실제로 짓기 위해 땅을 파는 사람은 얼마나 될까? 벽돌 한 장을 준비하는 사람이 몇 명이나 될까? 꿈을 이루느냐 이루지 못하느냐의 차이는 바로 이런 실제적인 행동이다.

뭔가 이루려면 움직이고 실천해야 한다. 꿈도 상상력을 동원해 방법을 찾고 행동으로 옮겨야 비로소 하나씩 이루어진다.

꿈을 자유롭게 꾸라는 데는 이유가 있다. 나는 꿈에는 성공으로 가는 과정이 있다고 믿는다. 꿈은 상상을 통해 얼마간 실현의 기쁨을 미리 맛보게 한다. 그 기쁨은 기대가 되어 도전할 수 있는 에너지를 만들고, 무엇이든 하나씩 실천할 수 있게 한다.

물론 도전이 실패로 끝날 수도 있겠지만 꿈은 상상을 통해 다시 도전하게 함으로써 결국 작은 성공을 경험하게 한다. 작은 성공이 이뤄지면 그보다 큰 성공으로 나아가게 되고 또다시 더 큰 성공으로 향하다 보면 어느 날 꿈이 꿈처럼 이뤄지게 된다.

나 역시 처음부터 지금의 결과를 꿈꾼 것은 아니다. 아이를 돌보고 남편을 내조하는 것도 중요하지만 나로 인해 더 좋은 세상이 되었으면 좋겠다고 꿈꾸는 자아가 있었다. 이 꿈이 보험을 통해 실행으로 옮겨졌다. 보험을 제대로 인식시키기 위해서는 작지만 이루고 싶은 성공 목표가 있었다. 그래서 단계별로 하나씩 꿈을 이루어갔다.

특히 현장에서 일을 배울 무렵 아무 연고도 없던 실습 지역에서 상담조차 무참히 거절당했던 고객에게 3개월이 지나 마침내 계약을 따냈을 때 그 기쁨은 무엇보다 컸다. 당시의 성공 덕분에 나는 더 큰 꿈을 꾸었고 매년 그 꿈이 자랐다.

네 번째 보험왕을 했을 때다. 사원들을 대상으로 하는 어느 특강 자리에서 교육에 참여했던 한 사원이 지점으로 돌아가 교육 소감을 말하면서 "예영숙 팀장은 보험왕을 5번이 아니라 10번도 하겠더라"고 말했다고 한다. 우연히 지점장을 통해 그 말을 전해 듣고 보험왕 10연패라는 것도 처음으로 꿈꾸게 되었는지 모른다.

꿈은 자유로워야 한다. 모든 꿈은 언젠가 현실이 될 수 있기 때문이다. 우리 주변에 있는 모든 것도 꿈에서 시작돼 현실이 된 것이다. 하늘을 나는 것도, 달나라에 가는 것도 막연한 꿈의 한 조각일 뿐이었다. 한때는 말이다. 과학의 이름으로 생겨난 모든 문명의 이기를 살펴보면 꿈과 상상이 얼마나 중요한 것인가를 다시 생각하게 된다.

꿈은 창조다. 꿈이 없으면 새로운 탄생도 발견도 없다. 돈키호테보다 더한 돈키호테가 필요한 시대다. 펄벅 여사는 "불가능하다고 입증되기 전까지는 모든 것이 가능하다.

그리고 불가능한 것도 지금 현재 불가능한 것일 뿐이다"라고 했다. 불가능은 없다. 언젠가는 당신의 꿈도 현실이 된다. 그러니 부지런히 꿈꾸자.

꽃은
흔들리며 피는
것이다

나는 시인 도종환의 〈흔들리며 피는 꽃〉이라는 시를 좋아한다. 어려울 때마다 이 시를 읽으며 위안 받곤 했다. 한 송이의 꽃도 피어나기 위해서는 그렇게 흔들려야 하는데, 상품을 고객에게 판매하기 위해 겪는 수많은 어려움과 그것을 뛰어넘기 위한 남다른 노력은 당연한 일이다.

어려움을 겪지 않고 이루어지는 것이 어디 있으랴. 누구에게나 역경은 있다. 그때마다 포기하고 주저앉느냐, 아니면 희망을 갖고 다시 일어나느냐에 대한 답은 타인이 주지 않는다. 그것은 언제나 스스로 찾아야 한다.

흔들리며 피는 꽃

흔들리지 않고 피는 꽃이 어디 있으랴
이 세상 그 어떤 아름다운 꽃들도
다 흔들리면서 피었나니
흔들리면서 줄기를 곧게 세웠나니
흔들리지 않고 가는 사랑이 어디 있으랴

젖지 않고 피는 꽃이 어디 있으랴
이 세상 그 어떤 빛나는 꽃들도
다 젖으며 젖으며 피었나니
바람과 비에 젖으며 꽃잎 따뜻하게 피웠나니
젖지 않고 가는 삶이 어디 있으랴

돌이켜보면 그 어려운 순간을 어떻게 헤쳐 나왔을까 스스로 놀랄 때가 많다. 그토록 반대하시던 시댁 어른의 뜻을 저버리며 보험을 시작한 것도 그렇고, 주변 사람들이 안타까운 심정으로 말리는 것도 끝내 뿌리치며 보험 현장에 맹렬히 뛰어든 것도 그렇다.

어디 그뿐인가. "우리 회사는 보험하고 아무 관계도 없다"고 냉정하게 말하던 기업체 사장을 끝내 단골 고객으로 만들기도 했다. 때로는 믿었던 고객이 직원을 통해 거절의 말을 전했을 때는 눈물을 삼키며 공장의 텅 빈 마당을 나서기도 했다.

특히 IMF 체제라는 갑작스러운 상황 때문에 탄탄하던 고객의 회사가 쓰러지는 과정을 타는 가슴으로 지켜보기도 했고, 거래하던 회사가 워크아웃 절차에 들어가면서 금융 거래 중단과 함께 보험료 입금이 중단되는 아픔을 겪기도 했다. 이 때문에 나는 보험 계약 이상으로 중요시하는 보험 유지율에 문제가 생겨 1998년의 실적은 정상적으로 평가조차 받지 못하는 시련을 당하기도 했다.

지독한 외로움과 철저히 혼자가 된 느낌 때문에 괴로웠다. 그런 때는 눈부신 태양이나 거리에서 웃음 짓는 사람들의 모습마저 원망스러웠다. '나는 이렇게 마음이 아픈데도 세상은 아무렇지도 않게 돌아가고 있구나' 하는 생각 때문이었다. 그런 때도 가족에게도 동료에게도 힘들어하는 모습을 보이기는 싫었다. 내가 좋아서 택한 일이므로 행복하게 일하는 모습을 언젠가는 꼭 보여주고 싶었다.

되돌아보면 힘들고 어려운 일이 있을 때마다 이를 극복하는 과정에서 오히려 새로운 것을 찾아냈다. 영업이나 마케팅의 기법도 새로워졌고, 고객에 대한 인식이나 배려도 달라졌다. 무엇이든 이겨내야 한다는 의지가 강해지면서 두려움도 사라졌고 자신감은 점점 커져만 갔다. 안 되는 일이 없을 것 같았고 설득하지 못할 사람이 없겠다는 생각도 들었다. 날이 갈수록 나만의 고유한 세계가 펼쳐졌고, 성과는 기하급수적으로 늘어갔다.

흔들리지 않고 피는 꽃이 어디 있으랴! 아무런 어려움이나 난관도 겪지 않고 탐스러운 과실만 따 먹으려는 것은 부질없는 욕심이다. 시련을 극복해야만 성공이 완성되며 시련을 참아야만 성공의 달콤함도 맛볼 수 있다.

매서운 추위와 가지가 부러질 정도의 강한 비바람을 이겨내야 나무와 들꽃은 이듬해 아름다운 꽃을 피운다. 사람도 마찬가지다. 삶도 마찬가지다. '흔들리며 젖으며' 드디어 아름다운 꽃을 피워내는 것이다.

성공은 생각보다
훨씬 가까이에
와 있다

'돈이 눈처럼 내렸으면 좋겠다'는 유행가 가사가 있다. 정말 그렇게 된다면 얼마나 좋을까. 있는 집 없는 집 할 것 없이 마당 가득 내린 돈을 모아놓고 저마다 필요할 때 쓰면 될 테니 말이다.

돈이 눈처럼 내리듯 성공도 어느 날 자고 나면 이루어져 있다면 얼마나 좋을까. 성공을 갈망하는 사람들이 어느 날 아침 자신의 성공을 끌어안고 기뻐하는 모습은 상상만해도 즐겁다. 그러나 돈이 눈처럼 내리지 않듯이 성공도 누

233
흔들리며 꿈꾸며

구에게나 얼굴을 내보이지는 않는다. 그렇다면 성공은 도대체 어디에 있으며 어떤 모습을 하고 있단 말인가?

아프리카 광산에서 광부들이 금을 찾기 위해 쉬지 않고 땅을 팠다. 아무리 파내도 금맥은 나오지 않았고 곡괭이만 부러지고 말았다. 광부들은 마침내 굴 파는 것을 포기했다. 그 뒤 아무도 파지 않는 광산에서 혼자 땅을 파는 사람이 있었다. 혼자서 열심히 곡괭이질을 하다가 얼마 후 곡괭이가 광물에 박혔다. 금이었다. 그가 금맥을 발견한 곳은 광부들이 파는 것을 포기했던 장소에서 불과 몇십 센티미터 떨어진 곳이었다.

1960~70년대 냉장고가 흔치 않던 시절, 두부장수가 새벽의 정적을 깬다. "두부 사세요, 두부가 왔습니다!" 하고 외치는 두부장수의 소리를 듣고 주부는 잠에서 깨어난다. 그런데 두부를 사러 대문 밖에 나가면 두부장수는 이미 보이지 않는다.

막 잠자리에서 일어났다면 옷이라도 걸치고 주방에 있었다면 물 묻은 손이라도 닦고 나오는 시간을 두부장수는 미처 계산하지 못했던 것이다.

그때도 두부를 많이 파는 사람이 있었다. '이 동네는 두부 살 사람이 없구나' 하고 첫 번째 두부장수가 골목을 빠져나간 다음 두 번째로 나타난 두부장수가 바로 그 사람이다.

나는 성공이 생각보다 훨씬 가까이 와 있다고 말한다. 누구에게나 그렇다. 다만 대부분이 그것을 모르고 있을 뿐이다. 바로 코앞에 성공이 와 있고 등 뒤에 바짝 다가와 있는데도 그것을 모르고 있다면 얼마나 안타까운 일인가. 한 발만 더 나가면 되는데 그 사실을 모르고 손을 놓아버린다면 얼마나 아까운가.

성공한 사람과 성공하지 않은 사람의 차이는 그것을 빨리 알아차리느냐 그렇지 않느냐의 차이라고도 할 수 있다. 성공이 가까운 곳에 와 있다고 생각하는 사람은 빨리 성공을 차지할 수 있지만 그렇지 못한 사람은 그만큼 늦어질 수밖에 없다.

이유는 간단하다. 성공이 가까운 곳에 와 있다고 생각하는 사람은 조금만 더 열심히 하면 성공을 이룰 수 있다고 믿고 적극적으로 행동하지만, 성공과 거리가 멀다고 생각하는 사람에게는 그것을 기대하기 어렵다. 또 성공이 곧 이루어질 거라 생각하는 사람은 매사에 긍정적이고 적극적이지만, 성공은 먼 이야기라고 말하는 사람은 그렇지 못하다.

둘은 성공을 위한 대안 모색이나 문제 해결 능력에서

도 차이를 보일 수밖에 없다. 결국 한쪽은 갈수록 성공에 이르는 유리한 요인들로 채워지는 데 비해 다른 한쪽은 그렇지 않다. 이렇듯 성공을 어떻게 바라보느냐 하는 것만으로도 각자의 행동 양식이나 성공 가능성은 큰 차이를 보이게 된다.

나는 성공의 종류나 가짓수를 지금보다 훨씬 확대할 필요가 있다고 생각한다. 우리들이 생각하는 성공은 너무 크고 모양은 단조롭다. 대통령이 되고 국회의원이 되고 대장이 되고 큰 회사 회장이 되고 떼돈을 벌고 큰 재산을 모으는 등. 이것이 우리 머릿속의 성공이다.

물론 그것도 성공이다. 그러나 성공은 종류가 제한되어 있지도 않고 단조롭지도 않다. 계장에서 과장이 되고 부장, 국장이 되고, 새로 집을 사고 차를 구입하고 본인이나 자녀가 대학이나 대학원에 입학하고 졸업하고 취업하고 결혼하는 것도 모두 성공이다. 정한 날짜까지 몸무게를 줄이고 골프 핸디를 목표한 만큼 낮추고 만기가 돼 적금을 타고 창사기념일날 받은 상으로 해외 여행을 가는 것도 모두 성공이다.

성공은 이처럼 수없이 다양한 모습으로 널려 있다. 하지만 이런 것은 좀처럼 성공으로 여기지 않는다. 이제 이 모든 것을 성공에 포함시키자. 그래서 저마다 크고 작은 성공을 이루어 성공하는 습관을 만들어가야 한다.

모든 것이 그렇듯이 성공도 해본 사람이 더 잘할 수 있다. 모든 성공은 가치 있는 것이며 아름다운 것이다. 때로는 가까운 데 있는 작은 성공이 멀리 있는 큰 성공보다 훨씬 의미 있다.

스스로 성공의 가짓수를 늘리고 주변에 있는 작은 성공부터 착실하게 이루어가자. 성공한 사람들은 주변에 널려 있는 작은 성공을 놓치지 않는다. 그리고 그 의미와 가치를 결코 간과하지 않는다. 그들은 작은 성공을 발판으로 삼고 지름길로 삼으며 더 큰 성공을 이루어간다.

생각해보면 나도 보험왕 10연패의 영광 이전에 수많은 '성공'을 이뤘다. 크든 작든 나의 모든 결과들은 소중했고 아름다웠다. 입사 9개월 만에 트레이너가 됐고 1년 3개월이 됐을 때는 팀장으로 위촉되었다. 그때의 성취감과 만족감은 어떤 성공과 비교해도 결코 모자라지 않다. 모든 팀원이 힘을 합쳐 우리 팀이 최우수팀으로 선정된 것과 수년간 그 자리를 내주지 않았던 것도 큰 성공이었다.

이러한 소중한 성공들이 자양분이 되어 끊임없이 에너지를 주었기 때문에 계속해서 앞으로 나아갈 수 있었고 또

다른 성공도 차례로 이룰 수 있었다. 특히 입사 1년을 갓 넘긴 때에 고객을 잘 유지하고 관리하는 것을 평가한 '유지 율상'을 도맡아 탔을 때의 기쁨은 지금도 생생하다. 그 이후 업무에 관련된 각종 상은 독점하다시피 했고, 1998년에는 실적이 전국 3등으로 오르면서 승용차를 부상으로 타기도 했다.

작은 성공이 모여 주춧돌처럼 견고한 바탕이 되었고, 2000년에는 처음으로 정상의 자리인 그랜드 챔피언에 올랐다. 그랜드 챔피언을 3번 연속해서 받았을 때는 삼성생명 '명예의 전당'에 헌액되는 영광과 함께 프로야구 개막식에서 시구도 했다. 다섯 번째 챔피언에 오른 해에는 정부에서 '참보험인상 대상'을 받았다. 나의 성공은 더 큰 성공으로 이어져 삼성인으로서 최고의 명예라 할 수 있는 '자랑스러운 삼성인상'도 받았고 올해는 대망의 그랜드 챔피언 10연패의 영광도 이뤄냈다. 정말 숨 가쁘게 달려온 날들이다.

우리 주변에 성공은 하늘의 별만큼이나 각양각색의 모습으로 수없이 널려 있다. 이제 눈을 돌려 그것들부터 하나씩 성취해가며 새로운 의미를 부여하자. 작은 성공의 징검다리를 건너다 보면 어느새 큰 성공의 지름길을 만나게 될 것이다.

목표는
살아 움직이는
에너지다

세월은 흘러간다. 꽃이 피고 지고 피고 지고. 인생도 피고 진다. 불꽃 같던 한때도 있지만 사람들은 많은 시간을 "이게 아닌데"라고 탄식하며 보내곤 한다. 어쩔 수 없는 허무를 지고 사는 인생이라 할지라도 '이게 아닌데'를 반복하기보다는 다음 순간 공처럼 튀어 오르려 노력해야 하지 않을까?

이게 아닌데

이게 아닌데

사는 게 이게 아닌데

이러는 동안

어느새 봄이 와서 꽃은 피어나고

이게 아닌데

그러는 동안 봄이 가며

꽃이 집니다

그러면서

그러면서

사람들은 살았다지요

그랬다지요

김용택 시인의 〈그랬다지요〉라는 시는 이런 안타까움을 잘 표현하고 있다.

나는 저마다의 인생에 탱탱하게 산소를 불어넣는 것이 '목표'라고 생각한다. 목표가 없으면 에너지를 얻을 수 없

고객은 언제나 떠날 준비를 한다

고 가치 있는 삶을 살 수도 없다. 후회와 탄식만이 있을 뿐이다. 영업도 마찬가지다. 목표가 없는 영업이란 있을 수 없다.

그렇다면 목표는 어떻게 세워야 하는가?

목표는 '자신의 힘으로 최선을 다할 때 실현할 수도 있는 것' 이어야 한다. 나는 해마다 목표를 세울 때 목표치를 나의 한계점에 둔다. 자신의 한계점에 도달하려면 최선을 다하지 않으면 안 되기 때문이다. 수영 스타 박태환의 목표는 물어보지 않아도 자신의 최고 기록을 깨는 것이고 나아가 세계 신기록을 깨는 것이다. 역도 스타 장미란이나 국민 타자 이승엽, 골프 스타 박세리나 신지애도 마찬가지다.

그들은 자신의 한계를 넘어야 비로소 앞으로 나아갈 수 있다. 힘들고 어려운 길이지만 끊임없이 자신의 한계에 도전하며 그 한계를 뛰어넘는다.

자신의 한계를 넘어선다는 것은 쉬운 일이 아니다. 그러나 달라진 모습을 보이기 위해서는 자신의 한계를 넘어서지 않으면 안 된다. 세상의 마음과 눈은 참으로 냉혹하며 그다지 오래 기다려주지 않는다.

우선 나를 둘러싼 주변 사람들이 나의 새로운 모습이나 발전 여부를 나의 한계점을 기준으로 판단한다는 사실을 알아야 한다. 그래서 한계를 넘는 모습을 보여주지 못하면 발전이 없는 사람으로 여기거나 기대할 것이 없는 사람으로 생각하고 만다. 나의 목표를 한계점에 두는 이유도 바로 그 때문이다.

지난 세월 내가 계속 앞으로 나아갈 수 있었던 것도 매년 나의 한계를 뛰어넘었기 때문이다. 한계점보다 낮은 목표는 최선을 다하지 않아도 도달할 수 있기 때문에 게으름과 나태함에 빠질 수 있다. 사람은 누구나 편하게 지내려는 본능이 있다. 그래서 적당주의가 생겨나고 대충대충이 나오고 현실과의 타협도 나오는 것이다.

르네상스 시대를 빛낸 미술가 미켈란젤로는 "대부분의 사람들에게 가장 위험한 일은 목표를 너무 높게 잡고 거기에 이르지 못하는 것이 아니라 목표를 너무 낮게 잡고 거기에 도달하는 것이다"라고 했다.

나는 편안하면 오히려 불안하다. 그래서 편안해지지 않도록 스스로 안전장치도 마련해둔다. 안전장치라고 해서 특별한 것이 아니다. 해마다 연초가 되면 스스로 한계점을 목표로 정한 나만의 보고서를 만들어 회사에 제출하고 관리자에게 목표를 점검 받는 것이다.

회사에서 요구하는 것도 아니고 필요로 하는 보고서도

아니지만 스스로 구체적인 목표를 만들어 제출함으로써 철저하게 목표를 관리할 수 있기 때문이다. 이것이 내게는 책임감 있게 한 해를 보내기 위한 안전장치다. 운이 좋게도 해마다 착오 없이 작동했고 목표를 무난히 달성할 수 있게 해주었다.

또한 보험왕을 10년 동안 차지하면서도 목표는 언제나 내가 달성하려는 수치에 두었지 사람에 두지 않았다. 목표를 사람에 두었다면 2위인 사람보다 조금만 더 잘하면 된다고 생각했을지 모른다. 그러나 나는 2위와의 승부가 아니라 나 자신과의 승부를 목표로 삼았다.

목표 관리도 내 나름대로 철저히 했다. 연 목표, 월 목표, 주간 목표, 일일 목표를 따로 정해 하나하나 체크하고 실적을 배로 늘리고 싶을 때는 활동량을 네 배로 늘렸다.

기회가 되면 목표 관리에 대해 묻는 사람에게 구체적인 방법을 제시해주곤 했다. 개인별 목표는 지난 1년간의 실적을 모두 더해 그것을 12로 나누어 월 평균 성적이 나오면 다시 20퍼센트 정도를 더해서 다음 해 기본 목표로 잡고, 지난 1년간의 개인별 활동량과 시장 여건 등을 참고해 가감하도록 했다.

그렇게 해서 조금씩 계단을 밟아 목표를 이루게 되면

성취감이 동력이 되어 머지않아 예상했던 것보다 훨씬 더 큰 목표가 달성되는 기쁨을 만끽하게 될 것이다.

우리는 한순간도 목표와 떨어져 있거나 헤어져서는 안 된다. 목표는 칠흑의 바다를 항해하는 선박의 나침반과 같고 공기 중의 신선한 산소와 같은 것이다. 목표 없이는 표류하고 만다. 아니, 시들어버리고 말 것이다. 목표는 모든 것을 살아 움직이게 하는 에너지의 원천이기 때문이다.

비결은
긍정과
열정이다

7년 연속 그랜드 챔피언을 거머쥐었을 때의 일이다. 시상식에서 기자가 물었다.

"도대체 비결이 뭡니까?"

나는 단숨에 답했다.

"긍정적인 마인드!"

그러자 기자는 실망했다는 듯 다시 물었다.

"에이, 그것 말고 다른 것 좀 말씀해주세요."

나는 한마디 덧붙였다.

"긍정적인 마인드에다 자기 일을 사랑하는 열정이요."

그래도 기자는 만족하지 않고 왜 솔직하게 답하지 않느냐는 식으로 재차 물었다.

"에이, 그 두 가지는 다 알고 있는 거고 진짜 비결 좀 말씀해주세요!"

나는 더 이상 인터뷰를 진행하기가 어렵다고 판단해서 말을 끊었다.

"그 얘기는 이만 하죠."

기자는 '이제 말해줄 때도 된 것 같은데'라고 생각하는 듯 답답하다는 표정을 지었다. 그러나 정작 답답한 사람은 나였다. 진실을 말해도 받아들이려 하지 않으니 더 이상 무슨 말을 할 수 있을까.

누군가 내게 성공 비결을 물을 때마다 가장 먼저 긍정과 열정이라는 단어가 떠오른다. 그러나 사람들은 시상식장에서의 그 기자처럼 성공 비결로 받아들이지 않는다.

너나 할 것 없이 너무 많이, 자주 사용하는 말이어서 그럴까? 어쨌든 내게 긍정과 열정은 가장 소중한 자산이다. 그리고 지금도 그 속에 파묻혀 하루를 설계한다.

몇 년 전의 일이다. 어느 날 회사에서 아침 조회를 하고 있는데 누가 찾아왔다며 직원이 나에게 메모를 전달했다. 40대 초반으로 보이는 회사원이 말끔한 옷차림으로 꽃다발을 들고 서 있는 것이 아닌가. 무슨 일 때문이냐고 물으니 자신이 자동차 세일즈맨이라고 소개했다. 보험왕의 성공 비결을 듣기 위해 찾아왔다고 했다. 나는 그에게 한마디 물었다.

"자동차를 사랑합니까?"

그는 갑작스러운 물음에 얼른 대답을 못하고 당황했다. 내가 한 번 더 물었다.

"다니고 있는 회사를 어떻게 생각하세요?"

"······."

생각지도 않던 물음이었는지 나를 쳐다보고만 있다가 달아나듯 밖으로 뛰쳐나갔다. 나는 그에게 긍정과 열정을 말해주고 싶었다. 자신이 하는 일이 자동차 판매라면 그 일을 누구보다 열정적으로 사랑해야 하기 때문이다. 그리고 자신이 몸담고 있는 회사에서 성공하려면 다니고 있는 회사에 강한 긍지와 자부심을 느껴야 한다. 그래서 그렇게 물었던 것이다.

나는 우리 회사에 입사한 지 1년 정도 되는 사원들을 대상으로 매월 진행하는 보험 아카데미 과정에 5년 넘게 한 번도 빠지지 않고 출강하고 있다. 거기에서도 긍정과 열정을 자주 말한다.

자신이 하고 있는 일에서 과연 성공할 수 있을까 궁금하면 스스로 자신이 하는 일을 얼마나 사랑하고 있는지 자문자답해볼 것을 주문한다. 스스로의 물음에 긍정과 열정의 답이 나오면 반드시 성공할 수 있다.

그러나 그렇지 않으면 억지로라도 노력해보고 그래도 길이 안 보이면 과감하게 그만두고 다른 일을 찾으라고 말한다. 상품 판매에 판매자의 긍정적인 마인드와 열정이 묻어 있지 않으면 고객은 상품이나 제품에 관심을 가질 수 없기 때문이다.

전구를 발명하기까지 수백 번의 실패를 거듭한 에디슨은 이렇게 말했다.

"나는 단 한 번도 실패한 적이 없소. 나는 지금까지 이렇게 하면 안 되는구나 하는 방법을 600가지나 찾아내는 데 성공했을 뿐이오."

이것이 바로 긍정의 마인드다.

나는 생각도 관성을 지닌 습관이라고 본다. 긍정적이고 열정적인 사람은 활동도 늘 적극적이고 용기가 있다. 주변이나 이웃에 대해서도 관심을 갖고 배려하며 창의적이다. 예기치 않은 어려움이나 위기에 직면해서도 결코 탄식

고객은 언제나 떠날 준비를 한다

하거나 두려워하지 않고 이를 극복하기 위한 대안부터 찾아 나선다.

그러나 부정적이고 열정이 없는 사람은 그렇지 않다. 늘 부정적인 태도로 일관하고 비판적이며 우려하고 걱정한다. 어려움이나 위기에 직면하면 '그 일은 하지 말았어야 했는데, 그때 그걸 했어야 했는데' 하는 식으로 과거에 대한 후회와 아쉬움에 쉽게 빠져든다.

명량해전을 대승으로 이끈 이순신 장군이 백의종군해서 다시 찾은 1597년 8월의 조선 수군의 상황은 비참할 정도였다. 남은 배라고는 고작 12척이었다. 그러나 이순신 장군은 누구를 원망하거나 탓하지 않았다. 오직 승리를 위한 긍정과 열정밖에 없었다. 장군은 "아직도 12척의 배가 남아 있다尚有十二"고 조정에 알린 뒤 대오를 정비해 명량해전에서 적과 맞붙어 왜군 200여 척을 전멸시키는 기적을 이뤄내지 않았던가!

고객과의 크고 작은 계약에서부터 인생의 승부를 건 중대한 문제에 이르기까지, 그것을 성공으로 이끄느냐 실패로 이끄느냐 하는 것은 얼마나 긍정적인가, 또한 얼마나 열정적인가에 달렸다고 해도 과언이 아니다. "반드시 이루어진다!"고 강한 열정으로 긍정하면 그때부터 실제로 이루어지기 때문이다.

그것이 바로 긍정과 열정의 힘이요, 그랜드 챔피언 10연패를 이룬 나의 비결이다.

21세기는
현장이
경쟁력이다

입사 때부터 그랬지만 나는 항상 현장이 좋았다. 그곳에만 서면 에너지가 살아 있고 승부가 꿈틀대는 것이 느껴져서 언제나 힘이 솟는다. 입사한 지 1년이 안 된 시점에 신입사원들과 동행해서 영업 방법을 전수하는 현장 트레이너가 됐다. 내가 먼저 배우고 깨달은 것을 그들에게 전수하고 그들과 함께 호흡할 수 있다는 것이 무척 기뻤다.

당시 나는 봄, 여름, 가을, 겨울 할 것 없이 이마에 땀

방울이 맺히지 않은 날이 없었다. 처음 그 일을 맡았을 때 회사를 위하고 다른 사람을 위하는 봉사라고 생각하며 세 걸음 이상은 뛰다시피 정말 바쁘게 일했다. 1년 정도 신입사원 트레이너로 열심히 달린 결과는 완전히 새로운 것이었다. 어느 순간 나를 되돌아보자 '동행 훈련'을 통해 스스로 생각해도 놀랄 만큼 성장해 있었고, 현장 어디에서도 거침없이 뛸 수 있는 주전 선수로 변신해 있었다. 그때의 경험 덕에 현장의 두려움으로부터 완전히 해방되었다. 지금까지도 계속 힘차게 뛸 수 있는 것도 그때의 다양한 경험과 시행착오가 발판이 되었다고 생각된다.

보험왕이 되고부터 곳곳에 강연을 다닌다. 청와대와 감사원, 국가정보원, 경찰청, 중앙공무원교육원 등 국가기관에서도 특강을 했고 삼일회계법인, 삼성 구조조정본부를 비롯해 삼성, 현대, 대우, SK, KT 등 대기업과 수많은 금융기관 그리고 대학 등에서 강연을 했다. 현장에 대한 이야기는 영업 직종을 막론하고 늘 뜨겁기만 하다.

몇 개의 대학에서는 리더십 함양이라는 주제로 교양과목을 진행하기도 한다. 특강도 내게는 현장이지만 특강의 주제나 질문도 대부분의 현장에 관한 것이다. 상품과 고객, 판매 가치관 등 현장에 관한 주제들은 영업 직종을 떠나 늘 뜨거운 관심의 대상이다. 그중에서도 가장 기억에 남는 것은 2004년 삼성생명 본사 핵심 브레인을 대상으로 한 특강이다. 90분간의 강연과 함께 엄선된 브레인 15명 전원과 일대일 질의응답을 하는 시간도 있었다. 사전에 질문지는 따로 전달되지 않았다.

나는 그날을 위해 많은 시간을 할애했고, 일주일 전부터는 식사를 거의 하지 못했다. 초긴장 상태에서 강의가 진행되었다. 상품 개발, 언더라이팅, 영업 기획, 영업 관리 등 어느 한 부분도 소중하지 않은 파트가 없었다. 고객과 설계사와 관리자, 주주에게까지 직접적인 영향을 미치는 업무를 담당하는 그분들로부터 열정적이고 예리한 질문을 받았을 때는 부담감과 함께 큰 자부심도 느꼈다.

풍부한 현장 경험이 토대가 되지 않았다면 그렇게 긴 시간 동안 뜨거운 토론이 불가능했으리라 본다. 그때 나는 상품 개발에 대한 의견으로 중산층 이상 가족이 100만 원 정도의 보험료로 가족 모두 가입할 수 있는 종합보장보험이 나왔으면 좋겠다고 제안했다.

또한 고객의 만족도를 높이기 위해 지혜로운 언더라이팅을 희망하는 등 내가 맡은 역할에 최선을 다했다. 그 뒤 우연의 일치인지 모르지만 그런 유형의 보험 상품이 새롭게 출시되었고 여러 현장의 애로점이 반영되어 많은 고객에게 더 큰 만족을 선물하는 차별화된 서비스를 제공할 수 있었다.

영업을 직접 뛰어본 사람이면 누구나 느끼겠지만 현장은 참 매력적이다. 내 이야기를 정직하게 들어줄 사람이 몇 명만 있다면 시작해볼 수 있는 것이 영업이기도 하다. 하지만 현장 사정은 날이 갈수록 더욱 치열해지고 그 열기가 뜨거워져 어느 때보다 긴장감이 느껴지는 것도 사실이다.

세계가 하나의 시장이 되면서 모든 기업은 경쟁력을 높이기 위해 더 많은 투자와 노력을 아끼지 않고 있다. 모든 승부는 고객에게서 결판이 나기 때문에 현장의 중요성은 갈수록 높아지고 있다.

입사 2년쯤 되었을 무렵이다. 시장에 대해 눈을 떴다고 자부하고 있을 때 회사에서는 관리직으로 전환할 의향이 있느냐며 나와 인터뷰를 했다. 나는 그때 이미 '미래는 현장에서 고객을 직접 만나는 사람이 가장 주목 받는 시대가 될 것이다' 라는 확신이 생겨 회사 측의 제의를 정중하게 사양했다. 그 이후 나는 한순간도 현장을 떠나지 않았다. 그리고 지금도 뜨거운 열정으로 현장을 지키고 있다.

나는 강연 때마다 '21세기는 현장이 경쟁력' 이라고 힘

고객은 언제나 떠날 준비를 한다

주어 말하며 설계사는 물론 영업맨들의 사기를 북돋운다.
나의 첫 번째 어록이 되기도 한 그 말을 지금도 변함없이
확신하고 있다. 현장이 경쟁력이다. 나는 팔딱이는 현장의
생명력을 오늘도 변함없이 사랑한다.

 에필로그

더불어 살아가며

크게 그리고 자주 웃는 것

현명한 이에게 존경을 받고

아이들에게서 사랑을 받는 것

정직한 비평가의 찬사를 듣고

거짓 친구의 배반을 참아내는 것

아름다움을 식별할 줄 알며

다른 사람에게서 최선의 것을 발견하는 것

건강한 아이를 낳든

한 뙈기의 정원을 가꾸든

사회 환경을 개선하든

자기가 태어나기 전보다

세상을 조금이라도 살기 좋은 곳으로 만들어놓고 떠나는 것

자신이 한때 이곳에 살았음으로 해서

단 한 사람의 인생이라도 행복해지는 것

이것이 진정한 성공이다.

R. W. 에머슨의 〈무엇이 성공인가?〉라는 시다. 나는 늘 이 시를 되뇌이며 내가 가야 할 길이 무엇인지, 어떻게 살아야 하는지 절실하게 생각한다. 가끔 우리는 왜 성공해야 하는지 진지하게 묻지도 않고 오로지 그곳을 향해 질주하기만 한다.

그러다 어느 날 문득 '내가 무엇을 위해 달리고 있는가?' 하는 의문을 품고 스스로를 돌아보게 된다. 사냥꾼에게 쫓긴 사슴이 산마루까지 필사적으로 내달렸다가 가쁜 숨을 몰아쉬며 달려온 길을 되돌아보듯이. 그럴 때마다 에머슨의 시구는 어김없이 확실하고도 분명한 메시지를 준다.

내가 보험 일을 시작한 16년 전만 해도 보험 설계사라는 직업이 결코 환영 받는 일은 아니었지만 나는 그 길을 택했다. 그 일은 사회적으로도 반드시 필요한 것이었고 누군가는 해야만 하는 소중한 일이라고 여겼기 때문이다. 내게는 너무나 절실한 일인 동시에 확고한 것이기도 했다.

우연인지 모르지만 이미 그때부터 에머슨의 시에서처럼 '세상을 조금이라도 살기 좋은 곳으로 만들고 싶은' 나만의 간절한 소망이 늘 가슴 한 켠에 자리하고 있었다. 그리고 그 무엇과도 바꿀 수 없는 보험이라는 소중한 제도를 세상에 널리 알려 '단 한 사람의 인생이라도 더 행복해지기를' 진정으로 바랐다.

그것은 나의 꿈이자 희망이었다. 그리고 내가 어디로 가야 하는지, 왜 그곳으로 가야만 하는지를 알려주는 확고한 길잡이가 되어주었으며, 성공의 의미를 새롭게 일깨워주기도 했다.

지금까지 어떤 어려움에도 흔들림 없이 나아갈 수 있

었던 것은 나의 꿈과 소망이 쉼 없이 호흡하고 있었기 때문이다. 세상과 하나 되고 세상 사람들과 함께하는 크고 작은 공감대가 가슴 깊이 자리하고 있기 때문이라 생각한다.

입사한 뒤로 작은 것 하나라도 나누거나 공유하려 줄곧 노력했다. 때로는 크고 작은 어려움이 있었지만 언제나 더불어 함께해야 한다는 마음으로 여기까지 왔다. 사회 단체나 재단 등을 통해 소외된 사람들을 찾아 따뜻하게 손을 잡았고, '예영숙 장학회'와 '장학문화재단'을 통해 미래를 짊어지고 갈 꿈나무에게도 희망을 심고 있다.

내게는 아직도 천연색으로 채색된 미완성의 꿈이 있다. 꿈을 향해 달려온 수많은 여정이 이 시간 찰나처럼 스쳐 지나간다. 앞으로 내게 펼쳐질 도전과 행복은 어떤 빛깔일지 궁금하다. 에머슨의 시를 읽으며 내가 앞으로 가야 할 길에 대해 다시 생각해본다.

"2000년부터 2009년까지 '보험왕' 10연패 달성!"

"10년 연속 그랜드 챔피언!"

"신화 창조의 비밀"

화려한 시상식은 막을 내렸다. 그러나 가슴 벅찬 설렘은 쉽게 사라지지 않는다. 보험왕 10연패의 금자탑은 내 인생의 모든 것이기 때문이다. 그 속에는 바쁜 일상과 땀과 인내, 열정과 환희가 있고 방황과 좌절 그리고 어두운 밤하늘을 바라보며 혼자 흘린 눈물과 고독이 있다.

이 순간 나는 다시 자리를 정돈하고 옷깃을 여민다. 그리고 16년 전의 초심으로 돌아가 내가 지금까지 걸어왔던 길, 또 내가 앞으로 가야 하는 길 위에 선다.

'자신이 태어나기 전보다 세상을 조금이라도 살기 좋은 곳으로 만들고 자신이 한때 이곳에 살았음으로 해서 단한 사람의 인생이라도 행복해질 수 있기를' 바라며.

고객은 언제나 떠날 준비를 한다